글로벌 교육코드
홍익 하브루타

김진자 지음

GLOBAL EDUCATION CODE
HONGIK HAVRUTA

글로벌 교육코드
홍익 하브루타

김진자 지음

도서출판
수류화개

모든 문화의 글로벌 교육코드를
만드는 움직임의 초석!

클로테르 라파이유 박사

Dr. G. Clotaire Rapaille, President & CEO Archetype Discoveries Worldwide
컬처코드 마케팅의 창시자이자
세계적인 베스트셀러 《컬처코드》, 《글로벌 코드》의 저자
포춘지 선정 세계 100대 기업 60% 고객사 코드 마케팅 실행
ADW(Archetype Discoveries Worldwide) CEO

고등 글로벌 교육은 우리의 주요 관심사입니다. "국경없는 의사회"가 있는 것과 마찬가지로 우리에게 국경이 없는 교육이 필요합니다. 교육의 목적은 컨텐츠를 전달하는 것에 있지 않습니다. 또한 컨텐츠는 빛의 속도로 계속 변화하고 있습니다. 교육은 생각하는 법을 배우고 학습하는 법을 배우는 것이며, 성격을 형성하고 영구적으로 변화하는 환경에 적응하는 법을 배우면서 개방적이고 유연해지는 것입니다.

나는 조윤성, 김진자 부부를 오랫동안 알고 지냈고, 고등교육을 위한 그들의 헌신에 경의를 표합니다. 컬처코드Culture Code에 대한 나의 글로벌 연구는 고등교육에 무의식적인 문화코드가 있다는 것을 보여주었습니다.

한국은 2차 세계대전 종전 후 빈곤 국가였지만 현재는 최고의 경제 성장을 이루었습니다. 한국은 역사적으로 중국과 일본 사이의 교충지로써 지정학적인 위치 때문에, 한국은 어려운 상황이 많았으나 이를 장점으로 바꾸어 활용할 수 있었습니다.

조윤성, 김진자 부부는 이 책에서 이러한 문화적 역량과 결론을 도출해내는 유연성을 보여주어 유대인의 하브루타와 한국의 홍익인간의 관계를 이해할 수 있도록 해 줄 것입니다. 그러나 그들의 개방적인 마인드는 그들이 한국에서 대표하는 히든챔피언의 설립자 헤르만 지몬과 ADW(Archetype Discoveries Worldwide)와의 협력에서 그치지 않았습니다.

"베스트 프랙티스"의 개념은 수십 년 간 산업계에서 사용되어 왔지만 교육계에서는 사용되지 않았습니다. 나는 내 저서에서 이 개념을 사용하였습니다. 나의 저서 《Move Up(왜 그들이 이기는가)》에서는 우리가 모든 문화의 우수사례를 사용함으로써 글로벌 코드를 창조하고 홍보할 수 있음을 소개하였습니다.

홍익 하브르타Hongik Havruta는 글로벌 교육코드로써 이러한 범세계적 운동의 초석입니다. 나는 이 책을 강력히 추천하고 이 책을 통하여 동서양의 교육코드 사이에 더 많은 연구와 시너지 효과가 일어나길 기대합니다.

홍익 하브루타는
글로벌화와 평화로 가는 진정한 발걸음!

헤르만 지몬 교수

경영학자, 히든챔피언 창시자이자
세계적인 베스트셀러 《히든 챔피언》, 《프라이싱》의 저자
세계1위 가격전략 컨설팅 회사 SKP(Simon & Kucher Partners) 설립 및 현 명예회장

당신은 아주 중요한 사명을 가지고 있습니다.

한국의 전통정신인 홍익인간과 유대인의 교육방법인 하브루타의 접목은 두 국가의 문화 속에 녹아있는 지혜와 교육방법을 연결하는 혁신적인 방법입니다.

이 홍익 하브루타 방법으로 히든챔피언을 육성하는 것은 또 다른 글로발리아를 위한 시스템이 될 것입니다. 이 홍익 하브루타 시스템은 한국인, 유대인, 독일인의 문화와 가치를 연결하고 융합하는 의미 있는 일로 글로벌화와 평화로 가는 진정한 발걸음입니다. 그 이유는 상대 국가들의 문화를 존중하고 이해하는 것이 진정한 평화의 세계로 가는 초석이 되기 때문입니다.

나는 홍익 하브루타의 사명을 지지하며 행운이 있길 기원합니다.

전 세계 한류의 다음 단계
"글로벌 교육코드 홍익 하브루타"

이만열(임마누엘 페스트라이쉬Emanuel Pastreich) 이사장

하버드대학교 대학원 동아시아언어문화학 박사

《한국인만 모르는 더 큰 대한민국》,《한국의 보물의 저자》

아시아 인스티튜트 이사장(전 경희대 교수)

"글로벌 교육코드 홍익 하브루타"는 바로 새로운 교육 및 한류의 다음 단계를 대표합니다. 유대인의 토론을 통해 자유롭게 진리를 추구하는 하브루타와 한국의 홍익인간 정신의 융합은 탁월합니다.

저는 한국에서 오랫동안 교수로 재직했고, 한국의 유교 사상을 연구했습니다. 퇴계 이황, 다산 정약용, 연암 박지원의 사상을 연구하고 번역도 했습니다. 이를 통해서 한국의 홍인인간 정신과 선비정신을 알게 되었고, 한국의 전통문화도 만났습니다. 저는 먼 나라 미국에서 왔지만 한국의 문화가 매우 가깝게 느껴집니다. 생각해 보니 우리 가족에도 유대인의 토론식 가정 문화가 있었습니다. 또한, 제가 친할아버지, 아버지로부터 중요하다고 배웠던 내용들이 한국의 홍익정신과 일치하는 부분이 많았습니다.

이번 코로나로 인한 팬데믹은 인류 문명의 위기, 정신의 위기입니다. 극복할 수 있는 방법은 고대로부터 이어지는 전통을 재발견하고 서로 존중하며 평등하게 소통하는 하브루타와 인류공영의 홍익인간 정신을 기반으로 인재를 육성하는 새로운 교육문화를 만들어야 합니다.

"글로벌 교육코드 홍익 하브루타"가 전 세계적으로 크게 유행하고 있는 한류와 함께 널리 알려져서 인류공영의 홍익정신이 세계 곳곳에 퍼져 전 세계인 모두가 함께 더 좋은 세상을 만들어 가기를 기원합니다.

글로벌 교육코드
홍익 하브루타 히든챔피언을 향하여

조윤성 CEO

클로테르 라파이유 박사와 헤르만 지몬 교수 한국 파트너
독일 히든챔피언협회 한국 대표
히든챔피언경영원 대표
안산시청 투자유치 전문위원

'홍익 하브루타'가 필요한 이유는 지금 세상이 하나가 되는 글로발리아 시대가 더욱 가속화되는 상황에서 세계는 많은 문제에 봉착해 있기 때문입니다. 이 문제는 하나의 민족, 하나의 국가에 국한되는 것이 아니고 전 세계의 문제이고 함께 해결해야 할 과제입니다.

예를 들어 지구온난화로 인한 환경 재앙 문제가 발생하고 있고, 전 세계 나라들은 지구온난화 해결을 위해 탄소 중립 정책을 펴고 있습니다. 어느 한 나라만 참여해서 될 것이 아니라 전 세계 모든 사람들이 함께 동참하여 지구를 살려야 합니다. 그러나 지금 전 세계는 다양한 국가, 종교, 민족, 이념, 사회관습이 있고 이를 하나로 묶을 수 있는 글로발리아의 표준 정신이 없는 것이 현실입니다. 이에 대한 해답이 전 세계를 하나로 묶을 수 있는 정신 즉, '나도 이롭고 너도 이로워 더 좋은 세상을 만들어 간다'는 뜻을 가진 한국의 '홍익인간'입니다.

홍익인간 정신은 서로를 존중하면서 더 좋은 세상을 만들어 갈 수 있는 인류공영의 정신입니다. 이러한 인류 공영의 정신인 홍익인간을 표준화하여 전 세계에 확산하는 것이 중요합니다. 또한 홍익인간을 육성하기 위한 교육방법이 필요합니다. 그것이 인류 5천년 역사에 검증된 방법인 1:1 교육방식 즉, 질문하고 대화하고 토론하고 논쟁하는 과정 속에서 자신의 의견을 말하고, 타인의 의견을 경청하고 존중하며 함께 지혜로운 솔루션을 찾는 것입니다.

저자는 지난 2012년부터 약 10여 년간 유아에서 치매예방 노인까지 한국에서 6천여 회 임상교육을 통해 효과를 검증한 유대인의 하브루타에 홍익인간 정신을 접목하여 전 세계 글로벌 교육코드 '홍익 하브루타'를 만들어냈습니다.

이 '홍익 하브루타'를 통해 지금 인류가 당면하고 있는 문제들을 해결할 수 있게 되기를, 더 나은 삶과 더 나은 미래를 설계할 수 있는 교육모델링으로 확산되기를 바랍니다. 이것이 바로 '홍익 하브루타' 탄생의 가장 중요한 역할이고 사명입니다.

홍익인간을 육성하는 홍익 하브루타를 통해 우리가 이루고자 하는 것은 무엇일까요? 전 세계 70억이 넘는 사람들 중에서 똑같은 사람은 한 명도 없습니다. 한날한시에 태어난 쌍둥이도 가지고 있는 잠재력이 다릅니다. 모든 사람들이 자신이 가지고 있거나 숨어 있는 잠재력을 찾고 개발하고 발현할 수 있게 역할을 하는 것이 홍익인간 정신을 기반으로 한 하브루타 교육 방식입니다.

전 세계 모든 사람들이 홍익인간으로서 각각의 분야에서 최고가 되는 히든챔피언이 된다면 함께 더불어 살아가는 세상, 조화롭고 평화로운 세상을 만들어 갈 수 있을 것입니다.

또한 살아있는 조직체인 기업도 기업이 가지고 있는 경쟁력 있는 자사의 아이템은 무엇이고 어떻게 강점화할 것인가가 기업의 성패를 좌우합니다. 기업에 히든챔피언이라는 개념을 정립한 헤르만 지몬 박사에 의하면 전 세계에서 국가의 경쟁력이 높은 국가들을 보면 히든챔피언 기업이 많다는 것입니다. 대표적인 국가로는 독일, 스위스, 오스트리아가 압도적으로 히든챔피언 기업이 많은데, 이 세 국가의 경쟁력은 스위스 1위, 독일 15위, 오스트리아 19위입니다. 히든챔피언 기업이 많은 국가들은 경제적 위기에도 흔들리지 않고 꾸준히 경제 성장을 할 수 있는 탄탄한 기반을 가지고 있습니다.

우리나라도 대기업 중심의 수출 경쟁력을 높이는 것과 함께 중소기업은 중견기업으로 중견기업은 히든챔피언 기업으로 성장할 수 있는 산업구조의 토대를 마련해야 합니다. 히든챔피언 기업을 많이 육성하는 것이 국가의 경쟁력을 높임과 함께 지속성장을 이룰 수 있기 때문입니다.

그렇다면 히든챔피언 기업을 육성하는 데 홍익 하브루타를 어떻게 적용할 수 있을까요? 전 세계적으로 인정받는 히든챔피언 기업들의 공통적인 기업문화를 살펴보면 조직원간의 소통이 잘 된다는 것입니다. 그 기업들은 "우리의 제품과 서비스가 고객에게 가장 친화적인가?"라는 질문을 끊임없이 합니다. 히든챔피언 기업들의 고객친화력은 대기업에 비해 5배나 높다는 통계가 나와 있습니다. 이것은 히든챔피언 기업들이 고객들의 목소리를 귀담아 듣고 고객이 원하는 제품과 서비스를 개발하며 품질경쟁우위를 지키기 위해 많은 노력을 하고 있음을 보여줍니다. 또한 지속적인 기업내부의 조직원 그리고 고객과의 원활한 커뮤니케이션을 통해 성장 발전하고 있습니다.

홍익 하브루타를 통해 기업은 차별화되고 경쟁력 있는 제품과 서비스를 혁신할 수 있는 방식으로 활용될 수 있고, 고객과의 원활한 소통을 통해 고객이 원하는 제품과 서비스로 성장 발전하게 하는 소통방식이 될 수 있습니다. 사람과 사람과의 소통은 갈등을 없애주고, 문제를 해결해 주고, 새로운 혁신을 가능하게 합니다. 홍익인간 정신에 하브루타 방식으로 육성하고 개개인 또는 기업·기관별 숨어 있는 잠재력을 찾고 개발하여 발현할 수 있는 히든챔피언으로 비전을 달성하는 '3H'를 소개합니다. 3H를 통해 개인, 기업, 국가 나아가 인류공영의 글로벌 리아가 실현되길 바랍니다.

〈3H: H3(Hidden Champions 비전), H2(Havruta 방법), H1(Hong-ik 철학)〉

홍익 하브루타가
성공을 위한 열쇠가 되길...

다니엘 샤Daniel Sherr

미국 변호사
전 미국 특허청 심사관

저는 기술자, 변호사, 변리사로 거의 25년 동안 세계를 여행하고 다양한 문화권의 사람들을 만날 수 있는 특권을 누렸습니다. 의심할 여지 없이, 교육에 가장 사회적 가치를 두는 두 문화는 한국 문화와 유대 문화라고 생각합니다. 이 두 문화 모두 거의 불가능한 사회적 도전을 극복하기 위해 그들의 교육적 가치를 사용해 왔습니다. 다만 한국의 교육 방식은 문제 해결과 토론을 매우 강조하는 유대인의 교육 방식과는 다릅니다. 수천 년 동안 발전한 유대인 교육으로부터 이러한 가치를 한국의 교육방식으로 적용한 홍익 하브루타의 비전과 가르침에 박수를 보냅니다.

그 결과는 분명 이미 우수한 한국 교육 시스템을 더욱 향상시킬 것입니다. 한국 사람들은 항상 자기 계발에 대한 열망이 나를 놀라게 하며, 나는 홍익 하브루타가 그러한 성공을 위한 열쇠 중 하나라고 믿습니다.

한국인의 정체성과 진정한 글로벌 리더를 양성하는 표본이 되길...

구명서

경기중앙교육도서관장

《탈무드 하브루타 러닝》에 이어《글로벌 교육코드 홍익 하브루타》까지 성과를 얻게 된 것은 교육계에 큰 보람이 아닐 수 없습니다.

다가오는 인공지능 시대에는 전통적인 교육방법을 탈피한 창의 융합력과 문제해결력을 중심으로 교육의 패러다임도 전환되고 있습니다. 대화와 토론으로 공동의 지혜를 모아 창의적으로 해결방식을 찾아가는 하브루타 교육방법이 앞으로 미래 교육의 한 축이 될 수 있다고 생각합니다. 또한, 최근 코로나 시대를 겪으면서 코로나 시대 이후 미래 교육의 방향성을 협업능력, 의사소통능력, 창의력, 비판적 사고능력 등의 역량 개발에 주목한다면 홍익 하브루타 교육방법이야말로 미래 교육의 최적 모델이라고 생각합니다.

사회구조가 복잡해질수록 인간에게 요구되는 공동체적 덕목과 역량이 요구되는 시기에 우리 민족 고유의 홍익인간 정신을 접목한《글로벌 교육코드 홍익 하브루타》출간은 열정의 결정체이자 한국인의 정체성과 진정한 글로벌 리더를 양성하는 표본이 될 것으로 기대해 봅니다.

생각공유, 경험공유, 성공공유를 하게 하는
홍익 하브루타!

엄준하

인력개발학박사
HRD협회 회장

전 세계 최고 경영진 3,000명이 말하는 미래 기업 키워드 5가지는 리더십, 기술, 직원 소통, 개방형 혁신, 사이버 보안이었습니다. 기업이 생존하고 성장 발전하기 위해서는 함께하는 기업의 경영자와 조직원들이 생각을 공유하고 성공과 실패의 경험을 공유하며 새로운 혁신을 만들어 내야 합니다.

한국인의 홍익인간 정신과 유대인의 소통하는 배움 방식이 하브루타를 결합한 '글로벌 교육코드 홍익 하브루타'는 사람과 사람 간에 소통을 통해 차별화된 기술을 만들고, 열린 사고와 실행으로 혁신하게 하고 지속 성장하는 기업을 만드는 데 중요한 역할을 할 수 있습니다.

기업의 홍익리더를 육성하고 소통하며 협력하고 협력을 통해 혁신하는 기업을 만드는 데 이 책이 도움이 될 것입니다.

학교 교육과 기업의 인재육성에 새로운 길을 제시한 홍익 하브루타!

박하식 충남삼성고 교장

교육학박사

글로벌 인재 개발과 육성에 대해서 늘 한 발 앞서서 세계적인 동향과 가장 적합한 방식을 발굴하고 도입한 도전과 용기에 박수를 보내드립니다.

세계적인 교육방식과 우리의 교육이념에 합일점을 찾아 제시하신 홍익 하브루타는 학교 교육과 기업의 인재 육성을 위한 새로운 길을 제시하고 있습니다.

미래를 위한 교육을 '오지 않은 미래'에서만 찾을 것이 아니라 '오래된 미래'에서도 교육의 금맥을 찾아야 한다는 새로운 지혜를 주게 될 것입니다.

홍익 하브루타, 미래 핵심인재와
미래교육의 핵심역량!

고동록

HR Analytics 경영연구원 대표
(전) 현대모비스 인재개발 실장

초변화, 초연결, 초융합 시대의 양자혁명시대의 핵심역량은 디지털 리터러시와 사람과 사람의 소통입니다. 무엇보다도 사람들 상호간의 소통은 매우 중요합니다. 사람다움과 일다움과 행동다움을 토대로 성과를 만들어 내는 최고의 가치는 소통입니다. 다양한 소통의 방법과 대상은 사람 내면의 진정성을 전달하는 기제에 따라 달라지기 마련입니다. 이러한 맥락에서 볼 때 홍익 하브루타는 시의 적절하게 글로벌 교육의 일반 언어 코드로 자리매김되기에 충분하다고 생각합니다.

지역 간, 세대 간, 시대 간, 성별 간, 상하 간 모든 주체들의 올바른 소통을 통해 갈등과 차별과 오해를 불식시키는 지름길로서의 역할을 홍익 하브루타 교육이 새로운 이정표를 제시하고 있다고 확신합니다.

협업과 프로세스 혁신의 도구로 홍익 하브루타가 미래 교육과 미래인재의 육성에 글로벌 소통 교육 코드의 표준으로 부상하길 기대합니다.

사람을 사람답게 만드는 인재육성 방법인
홍익 하브루타 널리 전파되길...

이연실
한국공공외교협회 대외협력이사

지구촌이 급격하게 변하고 있습니다. 그러나 영원히 변하지 않는 가치가 있습니다. 인간의 가치입니다.

사람은 세상을 움직이는 핵심입니다. 사람을 사람답게 하는 교육은 소통과 배려 그리고 서로를 존중하는 데 있습니다.

새로운 시대에 맞는 특화된 교육이 필요합니다. 너와 나가 아니라 지구촌 세계 시민으로서의 참된 교육이 절실한 시대입니다. 홍익 하브루타 교육 방식에 놀라운 길이 펼쳐져 있습니다.

프롤로그

홍익 하브루타는 소통을 통한
인재를 육성하는 방법

이 책을 쓰게 된 계기

　교육 전문가로 약 20여 년을 일하다가 유대인 교육자를 만나 '유대인들은 어떻게 글로벌 파워 인재를 양성했고 전 세계에 영향력을 끼치게 되었을까'라는 질문에서 시작하여《유대인의 성공코드 Excellence》라는 책을 집필하였다. 유대인의 성공코드는 부족함Lack, 배움Learning, 기록 창조Creativity 3가지였다. 유대인들은 부족함을 느끼고 부족함을 해결하기 위해 배웠고, 배우고 체험하며 만들어진 결과를 기록하는 과정을 통해 문제해결을 하며 성장 발전했다. 누구나 부족함을 느끼고 있고 배우려고 한다. 유대인과 책을 집필하며 계속해서 궁금한 것은 바로 '배움Learning'이었다.

　'유대인들은 어떻게 부족한 것을 해결하기 배웠을까?'라는 질문이 두 번째 책《탈무드 하브루타 러닝》을 집필하는 계기가 되었다. 유대인들의 배움은 탈무드를 하브루타라는 방식으로 배운다. 탈무드는 유대인들의 삶의 지침서이며 유대교 경전이기도 하다. 하브루타라는 배움의 방식은 어렵지 않았고 어린 아이부터 노인까지 누구나 쉽게 진행할 수 있는 방법이었다.

그런데 우리나라 전국을 다니며 하브루타 교육을 하고 적용방법을 얘기했을 때, "유대인에게는 탈무드가 있는데 한국에는 없지 않느냐?"라는 질문을 많이 받았다. 그 질문을 듣고 처음에는 당황했지만 도전하고 싶은 의지가 생겼다.

2014년 《탈무드 하브루타 러닝》을 집필하고 2022년 현재까지 약 9년간 유아에서 치매예방 어르신까지 다양한 대상에게 다양한 주제로 6,000회가 넘는 하브루타를 적용하면서 모든 대상이 적극적으로 참여하며 효과가 있다는 것을 검증할 수 있었다. 이번에 출간하는 《글로벌 교육코드 홍익 하브루타》는 유대인의 하브루타를 한국의 다양한 대상에 임상교육을 적용한 사례를 바탕으로 한국형 홍익 하브루타 교육모델을 만든 것이다. 우리나라에 최적화된 홍익 하브루타를 소개하여 많은 사람들이 즐거운 배움, 깨달음의 교육을 통해 소통하는 대한민국이 되었으면 하는 것이 필자의 바람이다.

이 책의 내용

1장에서는 글로벌 시대 경쟁력의 핵심인 인재를 육성하는 효과적인 교육의 필요성과 글로벌 인재의 핵심역량은 무엇인지 제시하였다.

2장에서는 유대인의 하브루타라는 방법을 어떻게 한국의 가정, 학교, 사회 곳곳에 적용하면서 효과를 검증하여 한국형 하브루타 교육모델을 만들었는지에 대한 과정을 소개하였다. 한국형 하브루타 교육

모델의 핵심은 유대인의 하브루타와 한국인의 홍익인간 정신을 결합한 것이다.

3장에서는 한국을 넘어 글로벌에 교육코드가 될 수 있는 홍익 하브루타의 의미, 구성요소, 효과 그리고 인재육성 체계도를 정리하였다.

4장에서는 홍익 하브루타 프로세스를 누구나 쉽게 실천할 수 있도록 단계별로 자세하게 설명하였다. 단계별로 진행을 하면 어느 대상이든 어느 조직이든 소통을 잘하는 사람과 조직을 만들 수 있을 것이다.

5장에서는 홍익 하브루타 프로세스를 효과적으로 진행할 수 있는 진행 스킬을 제시하였다. 수 천 번의 임상교육을 통해 얻은 방법들을 모았다.

6장에서는 홍익 하브루타를 진행하는 모티베이터의 철학과 상황에 따른 각각의 역할에 대해 제시하였다. 학습자마다 학습상황과 학습수준이 각각 다르기 때문에 모티베이터의 역할이 달라져야 하며 달라져야 하는 역할에 대해 가이드라인을 정리하였다.

7장에서는 학생, 교사, 부모, 경력단절여성, 군인, 기업인·기관인들에게 홍익 하브루타를 진행했던 사례를 제시하여, 실제 홍익 하브루타를 실천할 수 있는 팁을 얻을 수 있도록 하였다.

8장에서는 코로나와 글로벌 비즈니스를 위한 비대면으로 웹 상에서 홍익 하브루타를 진행할 수 있는 웨브루타Webruta(Web + Havruta) 방법과 실제 적용했던 사례를 실었다.

이 책을 통해 드리고 싶은 것

사람과 사람과의 관계는 처음도 끝도 소통이다. 소통이 잘되는 가정은 화목하고, 소통이 잘되는 학교는 즐거운 배움터가 된다. 또한 소통이 잘되는 기업이나 기관은 성과가 난다. 개인과 개인 그리고 조직과 조직이 소통이 잘 된다면 행복하고 평화로운 세상이 될 것이다.

글로벌 교육코드 홍익 하브루타를 통해 '나 자신과 소통하기', '타인과 소통하기', '사회와 소통하기'를 배우고 익히고 실천하는 기회가 되길 바란다.

1장

글로벌 교육코드
필요성

글로벌 교육코드 필요성
글로벌 인재의 핵심역량

(1) 글로벌 교육코드 필요성

전 세계는 갈수록 급속한 글로벌화와 함께 4차 산업혁명이라는 새로운 시대에 직면하게 됨으로써 새로운 능력들을 요구하고 있다. 세계적인 교육선진국인 핀란드는 이에 따라 기존의 모든 교육과정을 4C 교육으로 새로운 시대에 대응할 수 인재를 육성할 수 있게 교육의 방향을 설정하고 추진해 나가고 있다.

4C는 Creativity(창의력), Critical thinking(비판적 사고력), Communication(의사소통력), Collaboration(협업력)으로, 초연결, 초지능, 초불확실성의 시대를 살아가며 전혀 생각하지 못한 상상 이상의 새로운 문제를 해결할 수 있는 근본적인 역량을 길러주는 것에 초점을 맞추고 있다.

히든챔피언 대가인 헤르만 지몬 박사는 《히든 챔피언 글로벌 원정대》에서 글로벌화가 진행된 세계를 글로발리아Globalia라고 하였다. 세계시장을 선도하는 기업들과 세간에는 알려지지 않는 약 3,000여 히든챔피언 기업들의 세계화가 글로발리아를 가속화시키고 있다고 말하고 있다. 대표적인 히든챔피언 기업들은 센서 분야의 세계선두기업 시크Sick, 애견줄 분야의 선두기업 플렉시Flexi, 젤리 과자의 선두기업 하리보Haribo, 고압 청소기 선도기업 카처Karcher 등 다양한 분야 기업들이 전세계에 진출하였다.

전 세계가 글로벌화 된 세상인 글로발리아가 되면서 세계는 공통적인 역량을 갖춘 인재를 필요로 하게 되었다. 지금껏 지식을 배워 문제를 해결하는 시대에서 어떠한 상황에서도 문제를 스스로 생각하고 판단하고 해결하는 능력을 갖출 수 있는 교육의 형태와 방식의 변화가 절실히 요구되고 있다.

(2) 글로벌 인재의 핵심역량

우리가 살고 있는 세상은 제4차 산업혁명 시대, 인공지능 시대로 사람을 대신하는 인공지능이 인간보다 잘하는 것이 점점 많아져 인간이 할 수 있는 일을 위협하고 있다. 이러한 때에 인간은 어떤 능력을 가져야 할까? 인공지능이 할 수 없는 것을 해야 한다. 그것은 새로운 상황과 문제에 대해 '알아내는 힘'이다. 우리는 아이들을 어렸을 때부터 새로운 상황과 문제에 대해 어떻게 해결할 것인지 알아내는 힘을 기를 수 있도록 이끌어 주어야 한다.

알아내기 위한 일반적인 과정은 "호기심 → 질문 → 탐구활동 → 결과물"이다. 조금 더 세부적으로 알아내는 힘의 과정은, 어떤 것에 이해가 되지 않을 때 의문이 생기고, 의문은 질문을 하게 하고, 질문을 하면 답을 찾을 때까지 탐구활동을 한다. 질문에 대한 답을 찾으면, 또다른 질문이 생기게 된다. 곧 '질문 – 답 – 질문 – 답……'의 과정이 계속해서 이루어진다. 이러한 질문과 답을 미리 설정하는 것을 '가설수립'이라 한다. 그래서 연구 활동을 하는 사람들은 가설을 수립하고 검증하면서 결과물을 만들어낸다. 문제해결력이 곧 알아내는 힘이며 알아내는 힘이 인공지능 시대에 인간이 가져야 할 중요한 능력이다.

알아내는 것의 정점에 있는 유대인들의 사례는 1970년대 이스라엘은 땅이 사막으로 물이 부족하여 농사를 짓기 어려웠지만 해수 담수화 프로젝트를 성공하여 해결하였고, 물을 낭비하지 않는 점적관수 방법으로 농사를 지어 성공을 거두었다. 또한 1980년대에는 중동 오일쇼크를 계기로 오일이 나지 않는 이스라엘은 원자력 안전기술을 개발하여 오일쇼크를 해결했다.

유대인들은 질문과 토론으로 이어지는 하브루타의 힘이 생각해서 알아내는 능력을 만들고 좋은 결과를 낸 것이다.

2장

글로벌 교육코드
홍익 하브루타 탄생 배경

글로벌 교육코드 의미
글로벌 교육코드 탄생 배경
글로벌 교육코드 홍익 하브루타 탄생

(1) 글로벌 교육코드 의미

글로벌 교육코드에 앞서 글로벌 코드를 살펴보면, 코드분석의 대가인 클로테르 라파이유 박사는 《컬처 코드》에서 "각 문화마다 가지고 있는 고유의 독특한 코드를 컬처코드라 하고, 세상은 개개의 문화를 넘어 글로벌적인 무의식에 강력하게 영향을 받는 시기에 이르렀고, 나는 이 글로벌적인 무의식을 글로벌 코드라고 부른다."라고 정의했다.

또한 라파이유 박사는 글로벌 코드에 대해 "세계적인 차원에서 다양한 사람들과 교류를 원활히 하려면 컬처코드와 글로벌 코드를 모두 이해해야 오늘날 세상을 성공적으로 항해할 수 있을 것이다. 이는 비즈니스 차원에도 사회적 차원에도 적용된다."라고 말했다.

이렇게 글로벌화 된 세상에서 글로벌 교육코드란 무엇인지 라파이유 박사의 글로벌 코드 정의에 입각하여 정의를 내리면 "글로벌 역량을 가진 인재를 육성할 수 있는 방법"이라고 할 수 있다.

(2) 글로벌 교육코드 탄생 배경

① 대한민국 유대인 교육방법 하브루타 러닝 도입

대한민국은 일제시대, 6·25 전쟁을 거치면서 세계에서 가장 못사는 나라가 되었다. 가난을 극복하기 위해 7, 80년대 경제성장을 위한 노력을 하면서 외국의 경제발전모델을 받아들여 급속한 경제성장을 이루었다. 경제성장을 위해 필요했던 것은 선진국의 경제발전 방법을 빨리 배우고 익히는 것이었다. 이 때의 교육은 빠르게 학습하여 사회에 적용할 수 있는 방법을 찾을 수 있게 주입식, 암기식 교육이 이루어졌다. 2000년대 이후 점점 세상은 불확실성의 시대가 되고, 지금까지의 주입식, 암기식 교육으로는 불확실성의 시대를 대비할 수 없으므로, 여러 가지 새로운 형태의 교육 방법을 도입하기 시작했다.

새롭게 모색하고 도입한 여러 가지 교육 방법 중 하나가 바로 '하브루타'이다. 하브루타는 유대인들이 짝을 지어 탈무드나 이스라엘의 역사 등을 효과적으로 학습하기 위한 배움의 방식이다. 대한민국에서는 2010년경부터 '하브루타'를 교육현장에 적용하기 시작했다.

② 하브루타 확산과 한국에 맞는 하브루타 적용

우리나라와 비슷하게 1948년 독립을 했고, 주변은 적국으로 둘러싸여 있고, 국가에 자원이 부족한 나라인데 전 세계 정치, 경제, 사회, 문화 모든 분야에 글로벌 파워 인재가 많은 나라가 있다. 바로 이스라엘이다. 이스라엘은 자국뿐 아니라 다른 나라에서도 스타트 업 네이션Start-Up Nation이라고 부르며 창업으로 전 세계의 흐름을 이끌어가고 있다.

이스라엘은 인구도 많지 않은데 어떻게 가능한 일이었을까? 그 핵심은 바로 인재육성에 있다. 유대인들의 인재육성 비밀은 무엇일까? 종교, 이념, 문화, 관습 등 다양한 측면에서의 영향이 있겠지만, 그 중에서 가장 교육적인 측면에서 관심 있게 살펴보고 연구해 볼 만한 것이 '하브루타' 교육방법이다.

초·중·고등학교의 공교육 현장에서 교사들에게 교육연수원과 교육청 단위의 '하브루타' 연수가 활발하게 이루어졌고, 또한 학교단위의 지원으로 이루어진 맞춤형 교사연수에서도 '하브루타' 연수를 신청하여 진행하는 학교가 많아졌다. 또한 오프라인으로 연수가 어려운 교사들을 대상으로 하는 온라인원격연수원에서도 '하브루타' 관련한 강좌가 개설되었다.

필자는 지난 9년 여간 학교 수업방법 중심으로 학생들에게 수업과 학교 생활 전반에 걸쳐 하브루타를 적용하기 시작했다. 그러나 유대인과 한국인은 문화적인 차이가 있어 하브루타 진행에 많은 어려움을 겪었다. 특히 질문과 토론이 생활화되어 있는 유대인과는 달리 주입식, 암기식의 교육으로 성장해 온 한국의 학생들에게는 질문하고 토론하는 수업의 분위기를 만들고 생각을 끌어내는 것이 매우 어려웠다. 이를 위해 다양한 방식을 적용하는 등 각고의 노력이 필요했다.

'하브루타'의 교육방법이 쉽고 간단하여 쉽게 적용할 수 있을 것이라고 생각하여 교육현장에 접목했다. 그러나 매 시간마다 학습목표를 진행해야 하는 부담감과 지속적인 접목에 어려움이 있어 그만두는 교사들이 많아졌다.

지난 약 9년 여간 교사들은 교육청과 학교 직무연수 그리고 온라인원격연수원에서 하브루타를 접했다. 긍정적인 측면에서는 하브루타를 경험하면서 현재 교육의 문제점을 인식하고 변화를 시도했다는 것이다. 그러나 하브루타를 경험한 교사들은 학교현장에 적용하기 어렵다는 부정적인 생각을 하는 교사들도 많이 생겼다.

필자는 공교육의 학교현장에 있지 않았기에 교사들이 어려움을 갖고 있었던 진도를 나가야 하는 부담감이 적고, 학생, 교사, 부모, 군인, 기업인 등 다양한 대상에게 적용하며 우리나라 사람들이 가지고 있는 질문을 하지 않는 상황, 말하는 것을 꺼려하는 상황, 잘 모르는 사람들과 대화를 어려워하는 상황을 어떻게 해결하면 좋을지 지속적인 실천과 방법을 모색하며 사람들이 쉽고 편하게 하브루타를 할 수 있는 방법을 창안하게 되었다.

오랜 기간 동안 기존의 교육에 익숙해져 왔기에 갑자기 교육방식을 바꾸는 것은 좀처럼 쉬운 일이 아니다. 그러나 필자는 지난 9년 여간 '하브루타' 교육방법을 대한민국의 다양한 대상에게 적용하고 성과가 나는 것을 지켜보았다. 또한 오랜 시간 굳어 있던 사람들에게 유연성을 줄 수 있고 우리가 살고 있는 초불확실성 시대에 인간에게 필요한 핵심역량을 길러 줄 수 있는 좋은 방법이라는 것을 교육 성과로 확인하였다.

이러한 교육의 변화가 긍정적인 측면에서 효과를 보고 있는 것이 단지 대한민국에서만이 아니라 전 세계적으로 교육의 효과를 볼 수 있다는 사례가 될 수 있을 것이라는 확신을 갖게 되었다. 이에 대한민국에서 9년간 다양한 대상에게 수천 번의 하브루타를 적용하고 성공한 홍익 하브루타 교육 모델을 《글로벌 교육코드 홍익 하브루타》로 세상에 내놓게 되었다.

③ 한국형 하브루타 새로운 교육모델 개발

유대인과는 달리 질문하는 것, 말하고 토론하는 것, 발표하는 것 등이 어려운 대한민국 사람들에게 '질문하고, 말하고, 토론하고, 발표하는 것을 부담감 갖지 않고 자연스럽게 할 수 있는 방법이 없을까?' 라는 물음에서 시작한 '하브루타' 적용은 다양한 대상에게 진행할 때마다, 주제가 바뀔 때마다, 질문하지 않고, 말하지 않고, 토론하지 않고, 발표하지 않는 상황을 수천 번 경험하면서 그때마다 새로운 방법을 찾기 시작했다. 하브루타 적용을 통해 문제가 되는 것에 물음을 갖고, 방법을 달리하여 적용해 보고 성과를 분석하면서 '한국형 하브루타 프로세스'를 만들게 되었다.

하브루타 방식은 '주제이해 → 하브루타 실시'로 간단하다. 프로세는 매우 쉬운 방법으로 보이나, 이에 반해 다양한 주제에 대해 교사나 전문가가 어떻게 진행을 하는가에 따라 하브루타의 효과는 천차만별이다. 이에 '한국형 하브루타 프로세스'는 처음 진행하는 사람들도 다양한 문제 상황이 발생할 때 좀 더 유연하게 대처할 수 있도록 물 흐르듯이 하브루타를 할 수 있게 프로세스를 개발하였다.

'한국형 하브루타 프로세스'는 '생각열기(질문) → 생각발전(하브루타) → 생각표현(글·그림 작성 & 발표) → 생각 적용(실천) → 생각정리(피드백) → 생각심화(연구)' 등 총 6개의 단계로 구성되어 있다. 이 6단계를 통해 생각을 열고, 주제에 대해 1:1로 질문, 대화, 토의, 토론하는 과정을 통해 생각을 발전시킨다. 또한 생각을 발전시킨 내용을 글 또는 그림으로 정리하고 발표하여 생각을 표현하는 활동을 한다. 그리고 하브루타를 하며 실제 생활에 적용할 수 있는 것을 찾아보고, 전체적으로 하브루타 한 내용을 정리하는 시간을 갖는다. 마지막으로 궁금하거나 좀 더 깊이 있게 알고 싶은 것에 대해 스스로 연구하는 생각심화 단계를 가진다.

(3) 글로벌 교육코드 홍익 하브루타 탄생

'하브루타'는 유대인들의 전통적인 인재육성 방식으로 유대인들이 믿는 유대교와 매우 밀접한 관련이 있다. 그렇게 때문에 종교적인 색채가 강하여 좋은 교육방법임에도 불구하고 접근이 어려운 면이 있다.

필자가 하브루타 교육을 하며 많은 사람들에게 받은 질문 중 하나가 바로 이것이었다. '유대인들의 종교와 문화와 결합했기에 하브루타가 더 부각되는 것이 아닌가?' 하는 질문이었다. 그러나 하브루타는 유대인들이기 때문에 효과가 있는 것이 아니라, 인간이 가지고 있는 본성적인 측면에서 효과적인 교육방법이라는 것을 많은 실천 적용을 통해 알게 되었다.

유대인들의 탈무드를 공부하기 위한 방법인 하브루타는 1:1 대화를 하는 방식이다. 우리가 타인과 소통하기 가장 좋은 환경은 1:1이다. 1:1로 소통하며 갈등을 해결하고, 창의적인 생각도 찾아내고, 문제도 해결할 수 있다.

필자는 하브루타를 교육현장에 적용하고 실천하는 과정에서 물음을 갖게 되었다. '유대인의 하브루타로 어떻게 인재를 육성해야 할까?', '유대인의 하브루타를 대한민국에서 거부감 없는 교육방법으로 자리매김할 수는 없을까?'라는 물음이다. 깊은 고민을 한 결과 종교, 이념, 문화, 인종, 국가를 뛰어넘는 대한민국의 홍익인간 정신을 유대인의 하브루타에 접목하게 되었다. 홍익인간 정신은 반만 년 동안 이어져 내려오고 있는 대한민국의 정신이다. 이렇게 하브루타와 홍익인간을 결합한 '글로벌 교육코드 홍익 하브루타'가 탄생했다.

① 인재육성 방향은 종교, 이념, 문화를 뛰어넘는 한국의 '홍익인간' 정신

(출처: 윤경호·김인규, '홍익인간 이념의 유래와 철학적 함의', 동양문화연구, 영산대학교 동양문화연구원, 2014)

홍익인간 정신은 우리 민족이 태동한 때부터 공동체적 삶을 지향하고 있으며 교육이 지향하는 바는 경쟁보다는 서로 배려하고 상호 존중하는 인재상에 바탕으로 두고 있다. '홍익인간'이 교육 이념으로 자리잡게 된 배경을 살펴보면, 해방 후 미군정기인 1945년 11월 23일에 구성된 조선교육심의회 제1분과위원 백낙준이 제기하였는데, 사회주의 성향의 인사와 미국식 학문 영향을 받은 서구주의자들의 엄청난 반대가 있었다고 한다. 이에 대해 백낙준은 다음과 같이 말했다.

어떤 사람은 이 말이 신화에서 나왔다고 하여 비과학적이니 교육이념이 되지 못하느니 등의 평이 없지 아니하다. 이 이념이 우리에게 문자로 들어와서 전하여 오기는 적어도 《제왕운기》, 《삼국유사》가 허락되는 때이니 이제부터 800년 전이요, 이 이상이 전하여 옴은 언제부터인지 알 수 없다. ······ 오랫동안 전하여 온 정신이요, 이상을 문자화한 것이었을 것이다.

(출처: 백낙준, '한국교육과 민족정신', 문교사, 1953)

이 말에 의하면 '홍익인간'이라는 말이 민족적 전통적인 정신이요, 이상을 문화화한 것임으로 우리 민족과 국가의 교육이념으로써 타당하다는 논리이다(출처: 신창호, '교육이념으로서 홍익인간에 대한 비판적 검토', 한국교육학연구 제9권 제1호, 안암교육학회, 2003년, 55쪽).

논란 끝에 홍익인간의 이념이 우리 교육이념으로 1946년 3월 7일 조선교육심의회에 의해 채택되어 1949년 12월 31일 공표된 교육법에서 재천명된 후, 오늘에 이르기까지 우리의 교육이념으로 삼고 있다. '25시'의 작가인 게오르규 신부는 1974년 3월 '문학하상'지의 초청으로 이화여대와 계명대에서 강연했을 때 그는 '25시'에서 '빛은 동방에서 온다'는 말을 한 적이 있는데, '이는 중국을 의미하는 것이 아니고 당신네 나라'라고 하면서, "한국인이 낳은 홍익인간 이념이 21세기의 태평양 시대에 세계를 주도할 것이다. 또한 홍익인간이란 최대의 행복을 의미한다. 그러기 때문에 홍익인간이란 세계 모든 인간의 최대 행복을 뜻하는 이념이며 물질과 정신을 포괄한 초월적인 이념이다."라고 하였다. 즉 홍익인간의 이념은 최대 다수의 행복을 위한 물질과 정신을 포괄한 초월적인 이념이라는 것이다.

이처럼 홍익인간 이념은 비록 한국의 고대인들이 제기하였던 관념이지만, 그 이후에도 우리 민족의 정치와 교육이념의 기저에 면면히 흐르고 있었고, 오늘날에도 시대를 뛰어넘어서 한민족과 인류가 가지고 있는 과제들을 풀어가는 데 열쇠가 되는 지혜를 주고 있다고 할 수 있다(출처: 선우미정, '교육이념인 홍익인간의 유교철학적 고찰', 동양철학연구 제7집, 동양철학연구회, 2012, 5, 184쪽).

당시 문교부는 홍익인간이 '고루한 민족주의 이념의 표현이 아니라 인류공영이라는 뜻으로 민주주의 기본정신과 완전히 부합되는 이념이며, 민족정신의 정수인 일면 그리스도의 박애정신, 유교의 인仁, 불교의 자비심과도 상통하는 전 인류의 이상'으로 보아 교육이념을 삼았다.

홍익인간에 대해서는 대한민국 교육법 제2조에 "교육은 홍익인간의 이념 아래 모든 국민으로 하여금 인격을 완성하고 자주적 생활능력과 공민으로서의 자질을 구유하게 하여 민주국가 발전에 봉사하며 인류

공영共榮의 이상 실현에 기여함을 목적으로 한다."라고 나와 있다.

홍익인간의 의미는 '널리 세상을 이롭게 하는 사람'이라는 뜻으로 조금 더 자세하게 살펴보면 "나를 정확히 알고, 남을 배려하는 마음인 양심을 가진 사람"을 의미한다. '나를 정확히 안다'는 것의 의미는 스스로 생각하고 행동하고 책임지는 주도적이고 독립적인 사람을 의미한다. '남을 배려하는 마음인 양심을 갖는다'는 것은 상대방 입장에서 생각하는 역지사지易地思之를 실천하여 모두에게 이로운 해결책을 모색하는 것을 의미한다.

즉, 홍익인간은 스스로 독립적이면서 타인과 소통을 잘하는 사람을 말한다. 종교, 이념, 문화를 뛰어넘는 인류공영에 이바지할 인재를 육성하는 것이 글로벌 세상에서는 더 필요해졌으므로 대한민국의 교육이념인 홍익인간 정신은 한국만이 아니라 전 세계적으로 통용되는 인재육성방향이다. 이에 '홍익인간'을 글로벌 인재를 육성하는 방향으로 설정하였다.

② 교육방법은 글로벌 인재를 육성하는 유대인의 '하브루타' 러닝

"유대인 하면 어떤 것이 떠오르는가?"라고 물어보면 "노벨상 수상자가 많다."는 답변과 함께 다소 부럽다는 반응들을 보이곤 한다. 전 세계적으로 분포한 유대인은 약 1,500만 명으로 산정하더라도, 지금까지 노벨상 수상자의 약 22%를 차지하는 것을 보면, 적은 인원에 비해 세계 최고의 수준이니 놀랄만하다. 또한 정치, 경제, 문화 등 다양한 분야에서 독보적인 역할을 하고 있는 글로벌 인재의 핵심에는 유대인이 있다.

유대인의 인재를 육성하는 방법이자 배움의 방식에 '하브루타'가 있다. 하브루타는 나이, 학력, 직책에 관계없이 서로 배울 수 있는 효과적인 대화·토론식 교육방법이다. 이들은 왜 하브루타를 인재 육성 방법으로 선택했을까?

유대인들은 4000년 전 하나님이 선택한 민족으로 유일신을 섬겨왔다. 또한 그들의 조상인 모세는 모세오경을 하나님으로부터 받아 모든 유대선민들에게 하나님의 말씀을 전파했다. 전파하는 과정에서 하나님의 말씀을 보다 심오하게 이해하기 위해 어떻게 가르치고 배울 것인지 연구에 연구를 거듭하게 되었다. 이들이 하나님의 말씀을 배우는 것은 선택이 아니라 필수였다. 수천 년간 어떻게 하나님의 말씀을 효과적으로 가르치고 배울 수 있을지 연구했고, 연구한 것을 실천하고, 실천하는 과정에서 방법을 발전시켰다. 하브루타는 모세오경의 설명을 더하고, 유대인의 스승인 랍비들의 지혜를 포함하여 지금으로부터 1700년 전에 기록된 《탈무드》를 효과적으로 공부하는 방식으로 정립되었다.

하브루타는 유대인을 유대인답게 육성하는 방법을 넘어, 인간의 가장 본질적인 측면에서 효과적으로 학습할 수 있는 방법이다. 즉, 하브루타는 제4차 산업혁명 시대에 적응하고 새로운 변화를 만들어 낼 수 있는 글로벌 인재를 육성할 수 있는 효과적인 교육방법이다.

③ 글로벌 교육코드 홍익 하브루타 탄생

종교, 이념, 문화를 뛰어넘는 한국인의 '홍익인간' 정신과 글로벌 인재를 육성하는 유대인의 '하브루타'를 결합하여 글로벌 교육코드 '홍익 하브루타'를 만들게 되었다. 홍익 하브루타가 글로벌 교육코드인 이유는 다음과 같다.

첫째, 고대로부터 가장 효과적인 교육방법은 1:1교육이었다. 수천 년 전부터 내려오는 유대인들의 선민교육이 1:1교육이었으며, 소크라테스가 제자를 육성하기 위해 사용했던 방법도 1:1교육이었다. 그리고 최근 글로벌 히든챔피언 국가나 기업들의 가장 효과적인 교육 방법이 1:1 도제식 교육이다.

둘째, 학문적인 교육의 효과 측면에서 매우 효과적인 방법이 홍익 하브루타다.

홍익 하브루타는 학습자 중심의 구성주의에 입각한 교육방법이며, 최근 많은 연구가 되고 있는 자기결정성 이론에서 무동기인 사람에게도 동기를 줄 수 있는 확실한 교육방법이다. 필자는 지난 9년간 6,000회 이상 어린아이부터 노인에 이르기까지 가정, 학교, 군대, 기업, 기관 등 다양한 곳에서 하브루타 교육의 효과를 검증할 수 있었다.

셋째, 인간의 뇌를 최대한 활성화 시키는 좋은 방법이 홍익 하브루타이다. 사람의 뇌는 외부적인 자극을 통해 생각하고 생각의 결과로 행동을 한다. 뇌에 자극을 주는 방법 중에 좋은 방법이 다른 사람과 대화를 하는 것이다. 다른 사람과의 대화는 미처 생각하지 못했던 생각을 할 수 있는 자극을 받고, 타인의 생각에 나의 생각을 결합하고 융합하기도 한다. 혼자가 아닌 다른 사람과 대화를 하는 하브루타는 나의 의견 1개와 타인의 의견 1개의 합은 2개가 아닌 여러 개의 의견을 만들어낸다.

글로벌 교육코드 홍익 하브루타 이해

(1) 홍익 하브루타의 의미

   홍익 하브루타는 세상을 이롭게 하는 홍익인긴을 육성하는 배움의
방식이다. 유대 하브루타와 마찬가지로 1:1 질문과 토론, 그리고 논쟁
을 그 특징으로 한다. 그러나 인류 공영의 이상을 실현하는 인간, 글로
벌 민주시민을 육성한다는 측면에서 주요한 차이점을 가진다.

같은 점

구분	유대 하브루타	홍익 하브루타
의미	1:1 질문, 대화, 토론, 논쟁하는 배움의 방식이다.	
진행방식	찬성·반대 주제인 경우, 역지사지로 토론한다.	
주제 다양성	어떠한 주제로도 하브루타를 할 수 있다.	

다른 점

구분	유대 하브루타	홍익 하브루타
대상	유대인	전 세계인
필요성	선민인 유대인 육성을 위한 방법 필요	나라, 민족에 관계없이 인재를 육성하는 방법 필요
목적	궁극적인 진리 추구	홍익인간 육성
정의	유대인들의 경전, 역사 등을 배우는 배움 방식	인류공영 이상을 실현하는 홍익인간을 육성하는 인재육성 방식

활용	가정과 유대교의 회당과 교육 기관인 예시바에서 활용	가정, 학교, 군대, 기업, 기관, 사회 전반에 소통, 문제해결, 변화 혁신을 위한 방식으로 활용
진행 과정	2단계 주제이해→하브루타	6단계 생각열기→생각발전→생각표현→ 생각적용→생각정리→생각연구
글로벌 차별점	유대인들에게만 적용됨	전 세계인들에게 적용함 한국에서 다양한 대상으로 수천번 적용한 결과로 만든 〈홍익 하브루타 프로세스〉 누구라도 따라할 수 있음. → 글로벌 민주시민 육성을 위한 표준 교육방법론으로써 활용 가능함

(2) 홍익 하브루타 구성요소

① 홍익 하브루타 구성요소

홍익 하브루타 구성요소는 사람 2명과 주제, 그리고 2명의 다양한 활동이다.

사람 2명		홍익 하브루타는 2명이 하는 활동으로 사람 2명이 필요함
주제		정치, 경제, 사회, 문화, 경영, 생활 등 다양한 분야의 내용을 주제로 선정 가능함
2명 활동	이해	지식을 이해하기 위한 활동 (지식 설명하기, 문제 만들기)
	질문	호기심 유발, 주제 만들기, 생각 열기 등 다양한 측면으로 활용하는 활동
	토의	주제에 대해 생각을 모으고 협(합)의하는 활동
	토론	대립 갈등이 있는 주제에 대해 논쟁하고 해결방안을 찾아가는 활동
	작문	하브루타 한 결과에 대해 상대방과 서로 상의하며 글을 작성하는 활동
	발표	설득력 있게 발표 및 여러 사람과 관계형성을 위한 활동 (1:1발표, 홍익 하브루타 발표 릴레이)

② 홍익 하브루타 구성요소 세부설명

ⓐ 사람 2명

홍익 하브루타를 진행하기 위해서는 2명의 사람이 필요하다. 2명이 서로 질문하고 대답하고 토의하고 토론하고 논쟁하는 활동이다.

왜 반드시 2명이 해야 하는 것일까? 학습자가 활동을 하는 데 가장 적극적인 활동을 할 수 있는 인원이 2명이다. 홍익 하브루타는 말하는 사람도 1명, 듣는 사람도 1명이기 때문에 관찰자 없이 2명 모두 적극적인 참여를 할 수 있다. 학습의 효과는 학습자가 적극적인 참여를 할 때 극대화될 수 있다.

ⓑ 주제

홍익 하브루타를 하기 위해서는 반드시 서로 나눌 수 있는 주제가 있어야 한다. 홍익 하브루타 주제는 정치, 경제, 사회, 문화, 경영, 생활 등 다양한 분야로 활용할 수 있다. 좀 더 확장적으로 표현을 하면 우리가 삶을 살아가는 데 필요한 모든 것이 홍익 하브루타를 할 수 있는 주제가 될 수 있다.

ⓒ 2명 활동

홍익 하브루타는 두 사람이 활동을 하며 배움을 갖는 모든 활동을 말한다. 교육현장에서 많이 활용하고 있는 2명 활동으로는 지식 이해, 질문, 토의, 토론, 작문, 발표 등이 있다. 이외에도 더 다양하게 홍익 하브루타를 활용할 수 있다.

이해 홍익 하브루타 활동

지식을 이해하고 나의 지식으로 내재화시키기 위한 활동으로 서로 짝을 지어 배운 지식을 설명하는 홍익 하브루타 방식이 있고, 핵심적인 내용에 대해 문제를 만들고 서로 문제풀이를 하는 방식의 문제 만들기 홍익 하브루타가 여기에 속한다. 지식을 이해하는 홍익 하브루타 활동은 지식 이해를 바탕으로 지식 확장, 지식 재창조까지 일어날 수 있는 기초가 된다.

질문 홍익 하브루타 활동

질문을 하며 홍익 하브루타 하는 활동으로 관심이 없는 것에 관심과 호기심을 갖게 할 수 있고, 본격적인 학습활동을 들어가기 전에 두뇌를 말랑말랑하게 하여 생각을 여는 활동으로도 좋은 방법이다. 또한 홍익 하브루타 주제를 선정하기 위해서도 매우 유용한 활동이다.

토의 홍익 하브루타 활동

주제에 대해 생각을 모으고 협(합)의하는 홍익 하브루타 활동으로 주제에 대해 지혜로운 문제해결을 위해서 서로 생각을 모으고 협의한다. 홍익 하브루타가 가지고 있는 장점 중에 하나는 주제를 가지고 두 명이 대화하다 보면 함께 생각을 모아 문제를 해결해야 하는 상황이 생기기도 하고, 서로 다른 대립된 의견으로 격렬하게 토론과 논쟁이 일어나기도 한다. 이때, 생각을 모아야 할 때는 '토의 홍익 하브루타' 활동을 하고, 대립되는 갈등이 있는 내용에 대해서는 '토론 홍익 하브루타' 활동을 하여, 보다 나은 문제해결방법을 모색할 수 있다.

토론 홍익 하브루타 활동

주제에 대해 대립 갈등이 있는 문제에 대해 토론, 논쟁하여 해결방안을 찾아가는 홍익 하브루타 활동이다. 찬성과 반대 입장에서 깊이 있게 의견을 개진하며 심오하게 소통할 수 있다. 토론 홍익 하브루타의 효과를 극대화하기 위한 진행 방법으로 찬성과 반대 양쪽의 입장에서 의견을 생각하고 표현할 수 있게 역지사지로 진행한다. 서로 역할을 바꾸어 찬성과 반대 양쪽 입장에서 생각하는 것은 보다 폭넓은 생각을 할 수 있다.

작문 홍익 하브루타 활동

주제에 대해 토론한 내용을 상대방과 서로 상의하며 작성하는 홍익 하브루타 활동이다. 글을 쓰는 것은 말을 하는 것보다 어렵기 때문에 하기 싫어하거나 꺼려하는 경우가 많다. 이런 경우 둘씩 짝을 지어 홍익 하브루타로 진행하며 함께 글쓰기를 한다. 그러면 글쓰기에 대한 부담이 줄어 글을 쓰는 활동에 흥미와 관심을 갖게 되며, 표현하는 능력도 향상시킬 수 있다.

발표 홍익 하브루타 활동

홍익 하브루타 한 결과를 작성한 내용을 둘씩 짝을 지어 발표를 하는 활동이다. 발표 홍익 하브루타의 효과를 높이기 위해서는 같은 내용을 여러 사람과 홍익 하브루타 발표 릴레이를 하는 것이 좋다. 여러 사람과의 발표 릴레이 활동을 통해 다양한 생각을 듣게 되고, 자신의 생각을 여러 번 말하는 과정을 통해 생각도 다양해지고 발표하는 능력도 향상된다. 또한 처음 보는 사람과도 자연스럽게 소통할 수 있는 기회를 가질 수 있어 폭넓은 인간관계도 맺을 수 있다.

(3) 홍익 하브루타 원칙

① 인원구성은 2인이 1팀으로 하여 관찰자 없이 진행한다.

② 주제가 바뀔 때마다 상대방을 바꾸어 다각적인 측면에서 생각하고 의견이 풍성할 수 있게 한다.

③ 큰 소리, 큰 몸동작 등 온몸을 활용, 적극적으로 참여하여 뇌를 춤추게 한다.

④ 개방된 공간에서 동시다발적으로 진행하여 홍익 하브루타하는 대상과 집중하게 한다.

⑤ 동일한 주제로 같은 대상 또는 다른 대상과 지속적인 논쟁을 하며 탐구하게 한다.

(4) 홍익 하브루타 효과

홍익 하브루타의 효과를 4자성어로 정리하였다. 4자성어는 간단하게 표현할 수 있어 기억하기 쉽고, 4자성어가 가지고 있는 의미는 깊고 넓어 홍익 하브루타 활동에 대한 효과를 설명할 때 이해도가 높다.

① 동고동락同苦同樂: 함께 해서 즐겁다

동고동락同苦同樂은 한 가지 동同, 쓸 고苦, 한 가지 동同, 즐길 락樂으로 '괴로움과 즐거움을 함께 한다는 뜻으로, 같이 고생苦生하고 같이 즐긴다.'는 의미이다.

유대인들은 유치원이나 초등학교에 처음 등교하는 날, 히브리 알파벳 모양을 본떠 만든 과자를 꿀에 찍어 먹게 하거나 손가락에 꿀을 찍은 후, 히브리 알파벳 22자를 따라 쓰게 한 다음 손가락을 빨아 먹게 한다. 이러한 의식을 하는 이유는 '배움(공부)은 꿀처럼 달콤하다.'라는 인식을 심어주기 위함이다. 어릴 때부터 배우고 익히는 것은 꿀처럼 달콤하다는 생각을 자연스럽게 느끼게 해주는 풍습이다. 유대인들은 배움은 꿀처럼 달콤한 것이라는 것을 실제 생활 속에 적용하기 위해 '배움(공부)'을 할 때 가장 중요하게 생각하고 실행한 것이 바로 '즐겁게' 배움을 할 수 있는 환경을 마련해 주는 것이었다. 혼자서 공부하는 것은 즐거운 활동이 부족하고 하고 싶은 않을 때는 스스로의 인내와 끈기가 약하면 하고자 하는 목표량까지 진행하는 것이 어렵다. 여럿이 하는 배움 활동은 관심의 여부, 외향적 또는 내향적인 성향에 따라 참여를 할 수도 있고 안 할 수 있다.

그러나 홍익 하브루타는 둘이 짝을 지어 질문하고 대화하는 활동으로 서로 이야기를 주고받으며 관찰자 없이 활동하여 적극적 활동이 일어나며, 둘이 가지고 있는 생각이 다를 수 있어 생각의 확장도 일어난다. 또한 주제에 대해 하기 싫을 경우에도 둘이 함께 협력하여 일정 부분까지 목표를 달성할 수 있다. 이에 동고동락인 '같이 괴로움과 즐거움을 함께 하며 배움을 한다'는 것이 홍익 하브루타의 첫 번째 효과다.

② 교학상장敎學相長: 서로 가르치고 배운다

교학상장敎學相長은 가르칠 교敎, 배울 학學, 서로 상相, 클 장長으로 '가르치는 일과 배우는 일이 모두 자신의 학업을 성장시킨다'는 말이다. 중국 오경五經의 하나인《예기禮記》〈학기學記〉편에 "좋은 안주가 있다고 하더라도 먹어 보아야만 그 맛을 알 수 있다. 또한 지극한 진리가 있다고 해도 배우지 않으면 그것이 왜 좋은지 알지 못한다. 따라서 배워 본 이후에 자기의 부족함을 알 수 있으며, 가르친 후에야 비로소 어려움을 알게 된다. 그러기에 가르치고 배우면서 더불어 성장한다고 하는 것이다."라고 하였고, 또《서경書經》〈열명說命〉의 하편에 보면, 은殷나라 고종高宗 때의 재상 부열傳說이 '교학상장'과 같은 뜻으로 '효학반敩學半(가르치는 것은 배움의 반이다)'을 말하였다.

유대인들은 '모든 사람은 스승이다.'라는 것을 생활화하고 있다. 모든 사람에게 배울 것이 있다는 의미이다. 유대인들의 종교적 지도자이면서 재판관, 상담가이도 한 랍비가 가지고 있어야 하는 중요한 덕목 중에 하나가 '배움을 좋아하는 사람'이다. 이와 같이 배움은 사람, 장소, 상황 모든 곳에서 배울 수 있다.

특히 사람과 사람 간에 생각을 나누는 홍익 하브루타는 둘이 대화를 나누는 과정에서 자신이 가지고 있는 생각을 말하면서 아는 것은 더 명확하게 이해하게 되고, 모르는 것이 무엇인지 알게 된다. 또한 상대방이 말하는 내용을 들으며 알고 있던 내용에 대해서는 공감을 하고, 모르는 부분에 대해서는 새롭게 알게 되고 서로 다른 의견에 대해서는 궁금증을 갖게 된다. 이처럼 말할 때는 스승이 되고, 들을 때는 제자가 되어 서로 가르치고 배우는 교학상장을 하며 배우고 성장한다.

서로 가르치고 배우는 교학상장의 배움 방식의 연구결과로 미국 행동과학연구소의 '학습 피라미드'의 학습한 내용을 일정 시간이 지난

〈학습효과 피라미드〉

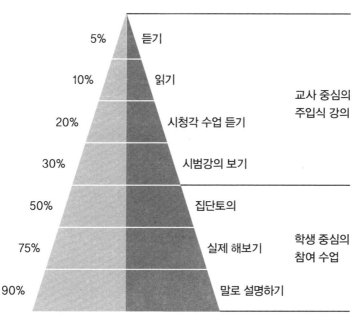

5%	듣기	교사 중심의
10%	읽기	주입식 강의
20%	시청각 수업 듣기	
30%	시범강의 보기	
50%	집단토의	학생 중심의
75%	실제 해보기	참여 수업
90%	말로 설명하기	

출처: 미국행동과학연구소(National Training Laboratory)

후에 얼마나 보유하고 있는지를 나타낸 자료가 있다.

'학습 피라미드'는 수동적인 학습방법인 강의(Lecture), 읽기(Reading), 시청각(Audio-Visual), 시연(Demonstration)과 참여적인 학습방법인 그룹토의(Group Discussion), 연습(Practice), 타인 가르치기(Teaching Others) 등 7가지 형태로 학습한 후, 24시간이 지난 후에 기억하고 있는 정도를 테스트한 결과이다.

학습한 내용을 기억하고 있는 정도는 수동적인 학습방법인 강의 5%, 읽기 10%, 시청각 20%, 시연 30%였고, 참여적인 학습방법인 그룹토의 50%, 연습 75%, 서로 가르치기 90%였다.

〈표: 학습 피라미드 세부내용〉

학습방법	내용	보유율
강의	교수자의 강의를 통해서만 정보를 얻고 이해하는 학습방법	5%
읽기	정보를 읽으며 이해하는 학습방법	10%
시청각	비디오, 소리, 사진 및 그래프 등 다양한 시청각 도구를 활용한 학습방법	20%
시연	교수자가 학습자에게 관찰할 수 있는 내용을 제공하는 학습방법	30%
그룹토의	학습자와 학습자가 협동하여 공부하는 학습방법	50%
연습	학습자가 배운 것을 실천에 옮기는 학습방법	75%
타인 가르치기	학습한 내용을 타인에게 가르치는 학습방법	90%

위의 연구결과를 보아도 알 수 있듯이 여러 가지 학습방법 중 오랜 시간이 흘러도 학습한 내용을 보유하는 것에 가장 효과적인 방법은 '타인 가르치기'이다. '타인 가르치기'는 홍익 하브루타에서 서로 가르치고 배우는 교학상장과 일맥상통한다.

③ 역지사지易地思之: 상대방의 입장을 이해한다

역지사지易地思之는 바꿀 역易, 땅 지地, 생각할 사思, 갈 지之로 '다른 사람의 처지에서 생각하라'는 뜻을 이르는 말이다.

《맹자孟子》〈이루離婁 상上〉 편에 나오는 '역지즉개연易地則皆然'이라는 표현에서 비롯된 말이다. 무슨 일이든 자기에게 이롭게 생각하거나 행동하는 것을 뜻하는 '아전인수我田引水'와는 대립된 의미로 쓰인다.

유대인들이 상대방의 생각을 알아보기 위해 하는 질문 "마따호세프(너의 생각은 무엇이니?)"는 그들에게 있어 최고의 말 한 마디로 꼽는다. 상대방이 어떻게 생각하는가가 원활한 대화, 문제를 해결하는 데 기본이 되기 때문이다.

홍익 하브루타는 주제에 대해 둘이 질문, 대화, 토론을 하는 활동이다. 주제에 대해 이해하고 있는 정도나, 경험한 것에 따라 이해하는 정도가 달라 상대방과 이견異見이 생길 수 있다. 서로 다른 의견은 궁금증을 만들어내고, 궁금증은 더 깊고 넓게 탐구하게 한다. 특히 홍익 하브루타는 찬성과 반대의 입장에 대한 주제일 경우에는 두 사람이 각각 찬성의 입장에서도 토론을 하고 반대의 입장에서도 토론을 하여 양쪽 입장이 어떠한지를 직접 역지사지한다. 일반적으로 '역지사지 해 봐라'라는 것은 다른 사람의 입장에서 생각해 보라는 것을 의미하지만 상대방의 입장을 충분히 이해하기는 어렵다. 그런데 홍익 하브루타는 찬성과 반대의 양쪽 입장에서 생각하고 의견을 말하는 활동을 통해 확실하게 상대방의 입장에서 역지사지하는 경험을 하게 한다.

이렇게 역지사지를 실질적으로 하게 되면, 자신이 지금껏 가지고 있던 입장과 반대되는 입장을 애써 생각하고 말하는 과정을 통해 '이하~ 상대방이 이런 마음에서 또는 이런 생각에서 그렇게 말과 행동을 했구나.' 하는 깨달음을 얻게 된다. 상대가 강하게 가지고 있는 입장에 대해 반대의 입장으로 설득을 하려고 하면 강약의 차이는 있을 수 있으나 저항을 한다. 자신이 가지고 있는 의견을 인정하지 않는 것에 대한 표현이다. 그러나 홍익 하브루타는 찬성과 반대 양쪽의 입장에서 생각하고 말하는 활동을 통해 타인이 아닌 자신이 한 몸 상황에 갈등상황을 만들어 저항이 아닌 오픈 마인드를 하게 한다.

가족, 친구, 회사에서의 상하좌우 관계 등 사람들과의 관계에서 어려움이 있는 경우는 서로의 입장이 다른 것에서 비롯된다. 나는 상대방이 아니고 상대방은 또 내가 아닌 것에서 서로 입장의 차이가 생겨 갈등이 발생한다. 갈등을 해결하는 데 있어 가장 좋은 방법은 상대방의 입장에서 직접 생각해 보고 말해보는 활동을 하는 것이다. 그러면 자신과 상대방의 입장을 보다 객관적으로 보고 여러 각도에서 생각하여 원인을 찾아보며 지혜로운 해결책을 찾을 수 있다.

④ 일취월장日就月將: 학문이 계속 발전한다

일취월장日就月將은 날 일日, 나아갈 취就, 달 월月, 나아갈 장將으로 '나날이 발전해 나간다'는 뜻을 이르는 말이다.

일장월취日將月就, 일진월보日進月步라고도 하는데, 조금씩 쌓아나가 많은 것을 이루는 것 또는 끊임없이 노력하여 발전해 나아가는 것을 가리키는 말이다.《시경詩經》〈주송周頌 경지敬之〉에 유래하는 말로 다음과 같은 구절이 있다.

> 나는 못난 소인배로 비록 총명하지도 신중하지도 않지만
>
> 날로 이루고 달로 넓혀나가 배움을 이어나가 광명에 이를 것이니
>
> 맡은 일을 도와 나에게 밝은 덕행을 보여주오
>
> 維子小子, 不聰敬止. 日就月將, 學有緝熙于光明. 佛時仔肩, 示我顯德行.

원래 이 시는 중국 주周나라의 제2대 성왕成王에게 신하들이 경계의 말을 올리자, 성왕이 신하들의 말을 마음에 되새기며 답한 것이다. 자신의 자질이 부족하지만 부지런히 노력하면 학문이 높은 곳에 이를 것이니 그런 왕이 될 수 있도록 신하들 역시 훌륭한 학문과 행실을 보여주기를 부탁하는 내용이다. 이와 비슷한 뜻으로 일신우일신日新又日新이 있다.

유대인들의 말 중에 '로시가돌roshgadol'이라는 말이 있다. 로시가돌은 히브리어로 '큰 머리'라는 뜻으로 이스라엘 군대에서 '책임감을 가지고 적극적으로 맡은 일 이상을 해내는 것'이라는 의미로 변화됐다. 이는 '자기가 지시받은 일만 마지못해 한다.'는 의미인 로시카탄roshkatan(작은 머리)의 반대말이다.

이스라엘 군인들은 사방이 적으로 둘러싸여 있는 국가를 지키기 위해 시스템적 사고를 해야 하며 실무경험을 바탕으로 전문성을 쌓고, 보안을 철저히 하여 국가를 지키는 일을 한다. 즉 이스라엘 군대는 국방수호자, 전문성을 가진 글로벌 인재를 육성하는 기관이다.

유대인들은 어릴 때부터 부모, 친구, 교사 등과 질문, 대화, 토론하는 것이 생활화된 환경에서 성장하여 성인이 되었을 때 한 가지 문제에

대해 여러 각도에서 생각하고, 혼자서 해결이 되지 않을 때에는 누군가와 어떻게 하면 좋은지 질문, 대화를 통해 해결방법을 찾아간다.

다양한 각도에서 생각하고, 여러 의견을 분석하고 종합하여 더 나은 해결방법을 찾는 것은 어느 날 갑자기 이루어지는 것이 아니라 어릴 때부터 연습을 하는 것이 필요하다. 이에 홍익 하브루타는 서로 다른 환경 속에서 살아온 두 사람이 주제에 대해 생각을 나누고, 같은 의견에 대해서는 공감을 하고 다른 의견에 대해서는 '왜 다른지' 탐구를 하는 과정을 통해 다양한 각도에서 생각하고, 보다 폭넓게 이해하는 활동을 한다. 홍익 하브루타를 진행할 때마다 상대방을 바꾸어 진행하는 것을 통해 보다 많은 지식, 보다 다양한 시각, 보다 폭넓은 깊이를 배우게 된다. 홍익 하브루타는 주제에 대해 타인과 생각을 나누고 확장하는 활동을 통해 '일신우일신'하며 실생활에 적용할 수 있는 학문이 계속해서 성장, 발전하는 효과가 있다.

아래의 그림은 9년 여간 유아에서 노인까지 다양한 계층에게 홍익 하브루타를 소개하고 실제 적용하는 과정에서 모든 대상들이 홍익 하브루타에 대해 이해하기 쉽게 만든 이미지이다. 이미지에는 홍익 하브

〈표: 홍익 하브루타를 이미지화 한 그림〉

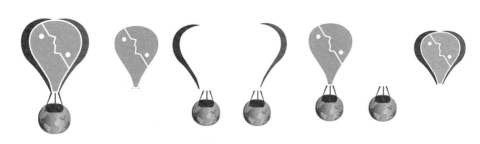

루타의 의미를 이해하는 데 도움이 될 수 있는 것들을 담았다.

전체 그림은 에드벌룬, 두 사람, 물음표 2개, 느낌표 1개, 지구본 1개, 전구·하트 1개가 있다. 홍익 하브루타 이미지 의미는 두 사람이 질문하고 대답하는 과정을 통해 느끼고 깨달음을 얻어 생각의 나래를 펴는 활동을 통해 '큰 사고(로시가돌)'를 갖게 되어 글로벌 인재가 된다는 뜻이다. 여기에 반짝반짝한 창의적이고 기발한 생각을 하는 이미지의 전구와 나도 이롭고 너도 이롭고 우리가 모두 이로운 세상을 만드는 '사랑(하트)'의 이미지까지 넣었다.

⑤ 청산유수靑山流水: 말을 거침없이 잘 한다

청산유수靑山流水는 푸를 청靑, 뫼 산山, 흐를 류流, 물 수水로 글자 뜻은 '푸른 산속을 흐르는 물로 산속을 흐르는 물줄기처럼 막힘없이 말을 잘하는 것을 일컫는 말이다.

유대인의 삶의 지침서《탈무드》에는 '묻기를 부끄러워하는 자는 절대 배우지 못할 것이다. 말하지 않는 것은 배우는 것을 포기한 것과 같다. 만약 침묵이 현명하기 위해 가장 좋은 방법이라면, 바보들에게는 얼마나 반가운 소식이랴.'라는 글귀가 있다. 이것은 모두 말하는 것에 대한 중요성을 알려주고 있다.

우리의 삶에 있어 자신의 생각을 말로 표현해야 하는 순간은 매 순간 일어난다. 사람과 사람 사이의 관계형성을 위해서는 말하는 것이 불가피한 일이다. 생활을 넘어 비즈니스를 할 때도 중요한 사안에 대한 협상을 할 때에도 말을 하는 능력은 매우 중요하다.

홍익 하브루타는 둘이 짝을 지어 말을 하는 활동을 한다. 같은 주제를 가지고 짝을 바꾸어 진행을 하기도 하고, 다른 주제를 가지고 한 사람과 진행을 하는 과정을 통해 자신의 생각을 말하고 다른 사람의 생각을 듣는다. 홍익 하브루타를 진행할 때, 중요한 핵심 포인트는 학습자가 말을 할 수 있는 기회를 최대한 많이 주는 것이 효과를 높이는 방법이다.

'잘'하기 위해선 어떻게 해야 하는가? '자주' 해보면 '잘'할 수 있게 된다. 말을 하는 것이 처음에는 어색하고 표현이 부족하더라도 지속적으로 말하는 활동을 하면 자신의 생각을 표현하고 싶은 대로 표현할 수 있는 효과를 볼 수 있다.

⑥ 전화위복轉禍爲福: 어려운 상황을 오히려 좋은 상황으로 만든다

전화위복轉禍爲福은 구를 전轉, 재앙 화禍, 할 위爲, 복 복福으로 화가 바뀌어 오히려 복이 된다는 뜻으로, 어떤 불행不幸한 일이라도 끊임없는 노력努力과 강인强靭한 의지意志로 힘쓰면 불행을 행복幸福으로 바꾸어 놓을 수 있다는 말을 일컫는다.

전국시대戰國時代 합종책으로 6국 한, 위, 조, 연, 제, 초의 재상宰相을 겸임했던 종횡가 소진의 "옛날에 일을 잘 처리했던 사람은 '화를 바꾸어 복이 되게 했고, 실패한 것을 바꾸어 공이 되게 했다.'"라는 말에서 유래됐다. 전화위복과 관련하여 유대인의 《탈무드》에 보면 의미 있는 이야기가 있다.

할아버지 랍비가 혼자 여행을 하고 있었다. 랍비는 나귀 한 마리와 개한 마리 그리고 작은 램프 하나를 가지고 있었다. 랍비는 날이 저물자 마을 어귀에 있는 빈 헛간에서 하루를 지내기로 했다. 나귀와 개를 헛간 앞에 매어 둔 랍비는 헛간 안에 잠자리를 마련하였다. 그리고 책을 읽기 위해 책을 폈는데 갑자기 불어온 바람에 램프불이 꺼져 책을 읽을 수가 없게 됐다. 랍비가 이렇게 중얼거렸다.

"바람에 램프가 꺼져 버렸네."

랍비는 불이 꺼져 할 수 없이 그냥 잠을 자기로 결정했다. 그런데 그날 밤 여우가 와서 개를 물어 죽이고 사자가 와서 나귀를 물어 죽였다. 이튿날 랍비는 나귀와 개를 잃어버린 채 남은 램프 하나만을 손에 들고 쓸쓸히 길을 나섰다. 그리고 손에 쥔 램프를 쳐다보며 원망하듯 중얼거렸다.

"하늘도 무심하시지 나에게 이것만 남겨주시다니……."

랍비는 허탈하여 마을 안으로 들어가기로 결심했다. 그런데 이상하게도 마을에는 남자들의 모습이 보이질 않았다. 랍비는 길가에 앉아 슬피 우는 한 여인을 발견하고 다가가 그 까닭을 물었다.

"여보시오, 아낙네. 왜 그리 슬피 우시오?"
"어젯밤에 갑자기 도적떼들이 쳐들어와서 마을 사람들의 재산이란 재산은 다 빼앗아 가고 거기에다 남자란 남자는 다 죽였습니다."

랍비는 그 말을 듣고 조용히 생각해 보았다.

"으흠, 만약 램프가 꺼지지 않았더라면 난 밤늦게까지 책을 읽었을 것이다. 그렇다면 틀림없이 도적떼에게 발각되었겠지. 그리고 어젯밤에 개와 나귀가 죽지 않았더라면 개가 짖고 나귀가 소란을 피웠을 것이다. 그렇

다면 나는 틀림없이 도적떼에게 발각되어 죽음을 면할 수 없었을 것이
야……."

랍비는 그제서야 램프가 꺼지고 개와 나귀가 죽은 탓에 자기가 살아난
것을 깨달을 수 있었다. 랍비는 마을을 떠나면서 중얼거렸다.

"나쁜 일이 좋은 일로, 좋은 일이 나쁜 일로 바뀔 가능성이 얼마든지 있
군……."

이 랍비의 이야기는 때로는 나쁜 일이라고 생각한 것이 나중에 이익
이 되는 경우가 있음을 말해준다. 우리의 삶에는 이런 경우가 많으니
어떠한 어려운 경우에 처하더라도 결코 낙심하지 말고 희망을 잃지 않
고 살아가도록 교훈을 주고 있다.

홍익 하브루타는 갈등이나 문제 상황에서 해결하기 어렵다고 생각할
때, 상황을 다른 각도에서 생각하고 의견을 도출하는 과정에서 문제의
상황이 다른 각도에서 보면 좋은 기회가 될 수 있음을 찾게 한다. 다시
말해 갈등은 해결할 수 있는 상황을 의미하며 문제는 풀어갈 수 있는
상황이라는 것을 깨닫게 한다. 혼자서는 어렵지만 짝과 함께 협력하면
지혜롭게 문제를 해결할 수 있다. 인류가 발전해 온 과정을 보면 부족
(Lack)으로부터 비롯한다. 전쟁, 물 부족, 식량 부족, 치료약 부재, 기아
문제, 오존층 파괴, 해수 오염, 쓰레기 섬 등 다양한 갈등이나 문제들
은 부족함, 결핍이 있기 때문에 '어떻게 해결해야 할 것인가'를 생각하
여 해결방법을 함께 모색한 것과 같은 이치이다.

⑦ 동량지재棟梁之材: 나라의 기둥이 될 만한 훌륭한 인재가 된다

동량지재棟梁之材는 용마루 동棟, 들보 량梁, 조사 지之, 인재 재材로 기둥과 들보가 될 만한 인재로 한 집안이나 나라의 중심이 되는 인재를 일컫는 말이다.

동량지재는 《오월춘추》 구천입신외전句踐入臣外傳에 부인 예용曳庸이 말하기를 '대부 문종은 나라의 동량棟梁이요, 임금의 조아爪牙이다.'라고 했다. 여기서 '조아'란 범의 날카로운 발톱과 어금니처럼 임금을 든든하게 지켜주는 신하란 뜻이고 동량은 집의 마룻대와 들보처럼 매우 중요한 역할을 담당하는 신하를 뜻한다. 마룻대는 서까래를 지탱하며 집의 중앙을 횡으로 버텨주는 가로 막대이다. 산마루에서 알 수 있듯이 마루는 정상을 뜻하는데, 마룻대란 집의 정상에 해당하는 중요한 대이다. 이 마룻대가 옆으로 뻗어 올라 집의 풍채를 한껏 웅장하게 해주는 것이 용마루이다. 들보는 기둥과 기둥 사이에 얹는 굵은 막대로써 집의 상단부를 받쳐주는 중요한 역할을 한다.

유대인들의 인재육성 핵심은 개인의 잠재력을 이끌어내 하고자 하는 의지와 열정을 찾아 자신의 전문분야에서 새로운 것을 창조하는 사람을 육성하는 것이다. 이러한 사람을 육성하는 데 '하브루타'가 유용한 방법으로 활용된다.

헤츠키 아리엘리와 김진자 공저의 《탈무드 하브루타 러닝》의 내용을 가지고 유대인의 인재육성에 대한 과정을 간략하게 설명하면 다음과 같다. 유대인들의 배움에서 가장 중요한 것은 '즐겁게' 해야 한다는 것이다. 하브루타는 둘이 질문, 대화하며 배움을 하는 것으로 주제와 대상에 따라 약간의 차이는 있다. 하지만 일반적으로 혼자서 공부하거나 여럿이 팀별로 공부를 할 때, 참여하지 않는 무임승차가 발생하지 않기 때문에 다른 교수법과는 달리 학습자가 적극적인 참여를 통해 관심과 흥미가 높아 재미있게 학습할 수 있는 환경이 된다. 즐거운 학습 활동은 개인의 숨어 있는 잠재력을 이끌어내 준다.

탈무드 하브루타 러닝의 효과

ⓐ **즐거움**: 서로 질문, 대화, 토론하면서 즐거운 배움의 시간을 갖는다.

ⓑ **경 청**: 상대방의 의견을 듣고 반론, 주장하기 위해 집중하고 경청하는 능력이 향상된다.

ⓒ **집중력**: 개방된 시끄러운 상황에서 진행하므로 두뇌의 자극이 즐거움과 집중력을 향상시킨다.

ⓓ **논리력**: 상대방과 나의 주장과 근거를 설득하는 과정에서 문제를 합리적으로 풀어가는 논리력이 향상된다.

ⓔ **창의력**: 의견의 결합과 융합을 통해 새로운 각도에서 문제를 해결하는 창의력이 향상된다.

ⓕ **발표력**: 자신의 생각 표현, 서로의 벤치마킹을 통해 자신감을 키워 발표력이 향상된다.

ⓖ **의사소통력**: 갈등과 문제를 해결하는 과정에서 원활한 의사소통 능력이 향상된다.

ⓗ **협상력**: 사람의 마음을 이해하고 설득하는 토론으로 서로가 윈윈하는 협상능력이 향상된다.

ⓘ **리더십**: 사람을 이끄는 리더십, 열린사고로 수용하는 팔로우십, 서로 협력하는 멤버십을 기를 수 있다.

홍익 하브루타는 개인에게는 스스로의 잠재력을 찾고 개발하여 전문가로서, 기업이나 기관의 핵심인재로서 그리고 나아가 글로벌 인재로서 성장하는 데 중요한 교육방법이다.

홍익 하브루타는 사람 간에 소통하고 산재되어 있는 문제를 지혜롭게 해결하고, 새로운 것을 찾아 변화·혁신하는 활동을 통해 세상을 살아가는 방법을 배울 수 있다. 또한 스스로 가지고 있는 잠재력이 무엇인지 찾고, 어떻게 개발하면 좋을지 생각하고, 실질적으로 잠재력 개발을 위해 실행하는 과정을 통해 홍익인간, 곧 널리 인간 세상을 이롭게 하는 글로벌 인재를 육성할 수 있다.

(5) 홍익 하브루타 인재육성 체계도

　인간은 무한한 잠재력을 가지고 있나. 개인이 가지고 있는 잠재력을 발견하고 잠재력을 지속적으로 개발하여 개인과 사회에 도움이 될 수 있게 발현하는 것이 중요하다. 인간이 가지고 있는 무한한 잠재력은 스스로 생각하고 책임지는 능력인 자주적인 능력과 소통하는 능력을 적극적인 홍익 하브루타 활동을 통해 개발할 수 있다. 이러한 활동을 통해 개발된 능력은 문제를 해결하는 능력 즉, 알아내는 힘을 길러 나를 비롯한 다른 사람에게 도움이 되는 홍익인간으로 육성될 수 있다.

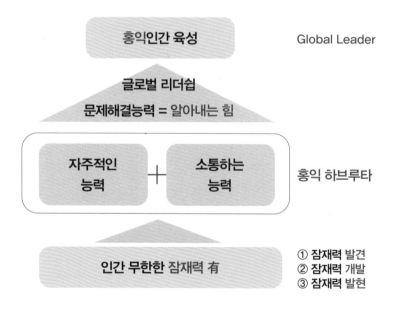

(6) 홍익 하브루타와 토의, 토론 비교

홍익 하브루타, 토의, 토론 비교

구분	홍익 하브루타	토의	토론
의미	둘씩 짝을 지어 질문, 대화, 토의, 토론, 논쟁하는 것	해결할 공동의 문제에 대하여 정보와 의견을 주고받은 뒤 가장 좋은 해결 방법을 찾는 것	찬성과 반대의 입장으로 나뉘는 주제에 대하여 각각(팀별) 서로의 입장을 관철시키기 위하여 근거를 들어 자기의 주장을 논리적으로 펼치는 것
절차	→ 주제 정하기 → 의견 나누기 　(찬성, 반대 의견 역지사지) → 창의적 해결·좋은 해결방법 찾기	→ 주제 정하기 → 의견 나누기 → 가장 좋은 해결 방법 선택하기	→ 주제 정하기 → 주장 펼치기 → 반론하기 → 주장 다지기 → 판정하기
특징	공동의 지혜 찾기 (토의, 토론 모두 포함함)	협력하여 해결방법 찾기	논리적으로 타인 설득하기
효과	협동심, 논리력, 창의력 향상	협동심 향상	논리력 향상

항목별 비교

ⓐ 의미

홍익 하브루타는 둘씩 짝을 지어 질문, 대화, 토의, 토론, 논쟁하는 모든 활동을 말한다. 토의는 해결할 공동의 문제에 대하여 정보와 의견을 주고받은 뒤 가장 좋은 해결 방법을 찾는 것을 말한다. 토론은 찬성과 반대의 입장으로 나뉘는 주제에 대하여 각각(팀별) 서로의 입장을 관철시키기 위하여 근거를 들어 자기의 주장을 논리적으로 펼치는 것을 말한다.

어떠한 상황에 대해 문제가 발생했을 때, 해결하는 과정에서는 토의나 토론 한 가지 방법이 사용되는 것이 아니라 질문, 대화, 토의, 토론, 논쟁하는 다양한 방법이 필요하다. 홍익 하브루타는 어떠한 한 가지 방법을 말하는 것이 아니라 문제를 해결하기 위해 두 사람이 하는 모든 활동을 말하는 것으로써 토의와 토론보다 더 포괄적인 의미를 내포하고 있다.

ⓑ 절차

홍익 하브루타, 토의, 토론의 방식은 모두 주제에 대해 사람과 사람이 의견을 주고 받으면서 보다 좋은 방법을 찾아내는 것에 대해서는 공통점을 가지고 있다. 그러나 진행하는 절차에 있어서는 조금씩 다른 특징을 가지고 있다.

홍익 하브루타 진행 절차는 '주제 정하기 → 의견 나누기(찬성, 반대 의견 역지사지) → 창의적 해결'이다. 주제에 대해 1:1로 두 명이 좋은 의견을 찾기 위해 생각을 모으기도 하고, 찬성과 반대의 입장에서 역지사지로 토론을 하는 활동을 한다. 이를 통해 생각의 틀에서 벗어난 창의적인 해결책을 모색한다.

토의 진행 절차는 '주제 정하기 → 의견 나누기 → 가장 좋은 해결 방법 선택하기'이다. 주제에 대해 자신의 의견을 마련하고 근거 자료를 모은 후, 여러 사람들과 다양한 의견을 나누며 나온 의견 중에 가장 좋은 해결방법을 선택한다.

토론 진행 절차는 '주제 정하기 → 주장 펼치기 → 반론하기 → 주장 다지기 → 판정하기'이다. 주제에 대해 다수와 다수가 각각 팀을 이루어 찬성과 반대의 입장에서 팀별로 다른 입장의 의견을 반박하며 주장하고자 하는 내용을 설득한다.

홍익 하브루타의 절차는 주제에 대해 토의의 장점과 토론의 장점을 모두 포괄하고 있고, 찬성과 반대의 입장을 바꾸어서 역지사지로 토론하는 과정까지 진행하여 편파적인 것이 아니라 균형적이고 폭넓게 사고하는 데 큰 도움이 된다.

ⓒ **특징**

홍익 하브루타는 두 명이 함께 질문, 대화, 토의, 토론, 논쟁 다양한 활동을 통해 공동의 지혜로 해결방법을 찾는다. 토의는 여러 사람이 협력하여 가장 좋은 해결방법을 선택한다. 토론은 다수 대 다수가 찬성과 반대의 입장에서 격렬하게 주장을 펼치면서 논리적으로 설득한다.

홍익 하브루타는 이기는 지는 게임이 아니라 서로 협력하여 공통의 지혜를 찾아가는 활동으로 함께 하는 사람 모두 윈–윈 할 수 있다.

ⓓ **효과**

홍익 하브루타는 두 명이 함께 좋은 방법을 모색하는 활동으로 서로 간의 협동심을 길러준다. 또한 다양한 측면에서 여러 경우의 수를 생각하며 해결책을 찾는 과정 속에서 논리력이 향상되며, 상대방과 여러 의견을 주고받으며 창의적인 아이디어를 찾고 새로운 조합을 만들어내는 과정 속에서 또한 창의력이 향상된다.

토의는 여러 사람이 함께 주제에 대해 가장 좋은 방법을 찾기 위한 활동으로 협동심이 길러진다. 토론은 다수와 다수가 팀을 이루어 주제에 대해 상대방을 설득하기 위해 논리를 생각하고 표현하는 과정을 통해 논리력이 향상된다.

홍익 하브루타는 두 명이 격렬하게 두뇌를 활용할 수 있는 질문, 토의, 토론 등 다양한 방법을 활용하여 보다 지혜로운 문제해결을 할 수 있는 방법을 함께 찾아가는 효과적인 방법이다.

홍익 하브루타와 디베이트 비교

홍익 하브루타와 디베이트는 모두 사람과 사람이 토론을 통해 문제를 해결해 나가는 방법이다. 그러나 홍익 하브루타는 1:1로 두 사람이 질문하고 토론하고 논쟁하며 공동의 지혜를 찾아가는 기법이며, 디베이트는 다多:다多로 어떤 문제에 대하여 찬성 측과 반대 측이 각각 의견을 말하며 상대편을 설득하는 기법으로 여러 가지 측면에서 차이가 있다. 홍익 하브루타와 디베이트의 차이점을 살펴보면 다음과 같다.

구 분	홍익 하브루타	디베이트
참여인원	1:1	다수:다수
관찰유무	관찰자 없음	관찰자(무임승차) 있음
진행방식	찬성:반대 – 반대:찬성 역지사지 토론	찬성:반대 한쪽입장 토론
승패유무	승패 없음	승패 있음
정서발달	승패 없어 협력하는 긍정적 정서 형성	승패 있어 경쟁하는 부정적 정서 형성
사고기능	찬성, 반대 양쪽 입장에서 토론하여 폭넓은 사고	찬성, 반대 한쪽 입장에서 토론하여 편협된 사고
공동목표 달성	서로 공동의 지혜로 공동목표 달성 용이	찬성, 반대 입장에서 각자 의견 개진으로 공동목표 달성 어려움
진행자 역할	프로세스 단계별 진행자	프로세스 단계별 진행자 찬성·반대 토론 후, 승자와 패자 결정

항목별 비교

ⓐ 참여인원

홍익 하브루타는 1:1 두 명이 찬성과 반대, 반대와 찬성 양쪽 입장에서 토론을 하며, 디베이트는 2:2 또는 3:3으로 다多:다多 찬성과 반대 입장에서 토론한다.

ⓑ 관찰유무

홍익 하브루타는 두 명이 짝을 지어 토론을 하기 때문에 관찰자가 없어 적극적인 토론이 이루어진다. 반면에 디베이트는 다多:다多로 토론이 이루어지기 때문에 참여자가 소극적인 자세로 형식적인 토론이 이루어지기도 한다.

ⓒ 진행방식

홍익 하브루타는 찬성과 반대 입장에서 토론하고 이후에 반대와 찬성 역할을 바꾸어 '역지사지'로 토론을 진행한다. 찬성과 반대 양쪽의 입장에서 모두 생각하고 표현함으로써 사고가 확장되고 균형된 사고 능력을 배양해 준다. 반면에 디베이트는 찬성과 반대 팀으로 나누어 한쪽 입장에서 논리를 펴며 토론을 하여 한쪽 입장에서만 생각한다.

ⓓ 승패유무

홍익 하브루타는 둘이 찬반을 역지사지하여 토론을 하며 공동의 지혜를 찾아가는 과정으로 승자와 패자가 없는 상호 협력하는 학습이다. 이에 반해 디베이트는 찬성과 반대 팀이 서로의 논리 근거에 맞게 토론을 한 후, 양쪽 입장 중 더 논리정연하게 상대방을 설득한 팀에게 승, 그렇지 못한 팀에게 패를 주는 승패가 있는 토론방식이다.

ⓔ **정서발달**

　홍익 하브루타는 서로 협력적 공동학습으로 서로 가르치고 배우며 긍정적 정서가 생긴다. 이에 반해 디베이트는 찬성과 반대 팀이 싸우는 형식이 되어 상대방을 밟고 이겨야만 승자가 될 수 있으므로 상대방을 어떻게 하면 이길 수 있을지에 초점을 맞추어 우리 팀이 이기는 것에만 집중하므로 상대를 밟아야만 내가 이길 수 있다는 부정적 정서가 형성될 수 있다.

ⓕ **사고기능**

　홍익 하브루타는 찬성과 반대라는 양쪽의 입장을 다 생각해야 하므로 새로운 시각을 가질 수 있고 사고의 폭도 넓힐 수 있다. 또한 이기고 지는 토론이 아니라 함께 자유분방하게 즐기면서 토론하는 것이 가능하고, 서로 의견을 더하고 격려하고 상호 지식과 경험을 공유하는 즐거움이 있는 토론이다. 이에 반해 디베이트는 주제에 대하여 찬성과 반대 한쪽 입장에서 주장을 하기 때문에 편협된 사고를 가질 우려가 있다. 또한 자신의 입장을 고수하고 상대 팀을 설득해서 이기는 것이 토론의 목적이 되어 자유분방하게 의견을 개진하는 것이 어렵고, 상대방의 허점을 공격하고 자신의 입장을 방어해야 하는 애로사항이 있는 부정적 토론의 성격을 띠고 있다.

ⓖ **공동목표 달성**

　홍익 하브루타는 서로 지혜를 공유하는 시간을 통해, 공동목표 달성이 디베이트에 비해 상대적으로 쉽다. 디베이트는 찬성 또는 반대 진영으로 나누어 각자 의견을 개진하므로 공동목표 달성이 상대적으로 어렵다.

ⓗ **진행자 역할**

　홍익 하브루타 진행자의 역할은 프로세스 단계별 진행을 한다. 진행이 원활하지 않을 때 도움을 주는 역할을 한다. 디베이트는 프로세스를 단계별로 진행하면서 주제에 대해 논리적으로 더 잘했다고 생각하는 쪽에 승자를 결정한다.

4 장

글로벌 교육코드 홍익 하브루타 프로세스

생각 열기 – 질문하기

생각 발전 – 하브루타 하기

생각 표현 – 글·그림 작성 & 발표하기

생각 적용 – 실천하기

생각 정리 – 피드백하기

생각 심화 – 연구하기

하브루타의 기본 프로세스는 '주제이해 → 하브루타 → 상호 피드백'이다. 기본 프로세스를 바탕으로 가정, 학교, 군대, 기업, 기관에 적용하면서 질문하고 토론하는 것이 익숙하지 않은 상황에서 보다 효과를 높이기 위해 응용하여 만든 것이 홍익 하브루타 프로세스이다.

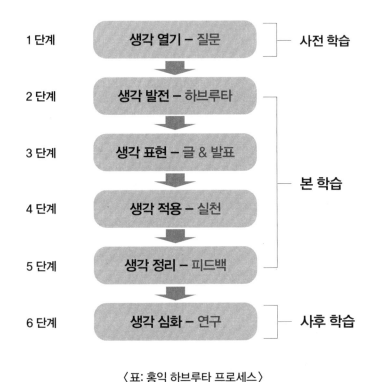

⟨표: 홍익 하브루타 프로세스⟩

홍익 하브루타는 전체 6단계로, 크게는 사전 학습, 본 학습, 사후 학습으로 구성되어 있다. 사전학습으로는 질문을 통해 '생각 열기' 활동이 있다. 본 학습은 하브루타를 통해 '생각 발전'을, 그림과 글 등으로 자신의 생각을 정리하고 정리한 내용을 발표하는 '생각 표현' 활동과 생각하고 배운 내용을 실생활에 실천 적용할 수 있는 '생각 적용'과 질문, 하브루타, 글 & 발표, 실천 활동을 하며 피드백이 필요한 내용에 대해 '생각 정리' 활동이 있다. 마지막으로 사후 학습으로 1단계에서 5단계까지 활동을 하며 궁금하거나 다른 의견에 대해 스스로 연구하는 '생각 심화' 활동이 있다.

(1) 생각 열기 - 질문하기

마음껏 질문을 하면서 두뇌를 활성화시키고 주제에 대해 생각해 보는 단계이다. 학습을 시작하기 전에 학습에 대한 관심과 흥미도를 높이는 단계이기도 하다.

① 질문은 왜 중요한가?

리더십의 대가인 존 맥스웰은 《인생의 중요한 순간에 다시 물어야 할 것들》에서 자신은 물론 타인의 삶을 변화시킨 질문이 중요한 7가지 이유를 말하고 있다.

첫째, 질문을 해야만 답을 얻을 수 있다.

적절한 순간에 적절한 사람에게 적절한 질문을 해야 한다. 이런 질문을 통해 얻은 대답은 문제해결의 토대가 된다. IBM 설립자 토마스 왓슨은 "답을 구하기 위해 적절한 질문을 할 능력이 있다면 절반 이상은 이기고 시작하는 셈이다."라며 적절한 질문의 가치를 높이 평가한 바 있다.

둘째, 질문은 꽉 닫힌 문을 여는 알리바바의 주문이다.

우리는 살아가면서 많은 문을 만난다. 그런 문 뒤에는 기회와 경험, 그리고 새로운 인연으로 이어지는 온갖 가능성이 숨어 있다. 하지만 그 가능성의 세계로 들어가기 위해서는 반드시 문을 열어야 한다. 그 문을 열 수 있는 것이 바로 기회다. 현대 경영학의 아버지 피터 드러커는 "컨설턴트로서 나의 가장 큰 강점은 아는 척하지 않고 이런저런 질문을 하는 것이다."라고 말했다. 성공하는 리더들은 하나같이 집요하게 질문을 함으로써 만나는 사람들로부터 지혜를 얻고자 하는 데 큰 노력을 기울인다.

셋째, 질문은 타인과의 연결고리를 만드는 가장 효과적인 방법이다.

길을 물어보거나 장소를 물어보거나 찾고자 하는 사람을 물어보거나 할 때, 면대면이나 전화로 사람들에게 물어볼 때, 상대방은 기꺼이 도와주려고 한다. 이처럼 질문은 사람들을 연결시키는 가교 역할을 한다. 극작가 버나드 쇼는 "소통과 관련해 가장 큰 문제는 사람들이 스스로 제대로 소통하고 있다고 착각하는 것이다."라고 말했다.

넷째, 질문은 사람을 겸손하게 만든다.

질문을 하려면 어느 정도 심리적인 안정감이 필요하고, 자신의 약점을 드러낼 각오를 해야 한다. 자신을 인정하는 겸손함을 가지면 다른 사람들과 친밀한 관계를 맺고 진정한 우정을 나누면서 신뢰를 얻을 뿐 아니라 누구에게나 기꺼이 자신의 약한 모습을 보여줄 수 있다.

다섯째, 질문은 좋은 아이디어를 만든다.

세계적인 경영 컨설턴트이자 동기부여가인 브라이언 트레이시는 "제대로 된 질문에는 문제의 본질을 꿰뚫고 새로운 아이디어와 통찰력을 유발시키는 무언가가 있다."고 말했다. 실제로 적절한 사람에게 적절한 질문을 하는 리더는 위대한 아이디어를 발전시킬 잠재력을 가지고 있다.

토마스 에디슨은 이런 말을 했다. "내가 사용하는 아이디어의 대부분은 다른 사람의 머리에서 나왔지만 그들이 발전시키지 못한 것들이다." 이 말은 제대로 된 질문을 중요성을 잘 볼 수 있는 대목이다.

여섯째, 질문은 새로운 관점을 제공한다.

자신의 관점에 집착하면서 다른 사람의 의견을 알기 위해 노력하기보다는 자신의 의견을 납득시키는 데 더 많은 시간을 할애하는 사람이 많다. 하지만 질문을 하고 대답에 귀를 기울인다면 자신과는 확연히 구분되는 다른 관점을 발견할 수 있다. 적절한 질문은 각자의 그릇된 관점을 바로잡아 똑바로 보게 해주고 의사소통이 잘못되는 것을 막아준다.

일곱째, 질문은 타성에서 벗어나게 해준다.

질문은 정신적 나태함을 예방하고 틀에 박힌 일상에서 벗어나게 해주는 특효약이다. 무언가를 발견하고, 현재의 정체된 상태를 깨뜨리고, 새로운 사고와 행동방식을 찾고 싶을 때도 질문을 해야 한다. 질문은 발견과 혁신을 위한 첫걸음이다. 미래는 호기심 많은 사람들이 지배한다. 그들은 시도하고 탐구하며, 의문을 제기하며, 뒤집어보는 것을 두려워하지 않는다.

질문의 가치에서 중요한 것 중 하나는 잠든 성장을 일깨우는 것이다. 성장을 위한 많은 상황에서 발생하게 되는 문제에 대해 문제가 왜 일어났는지, 이 문제를 해결하려면 어떤 대책을 세워야 하는지 스스로 질문을 통해 지속적으로 문제를 해결하며 성장할 수 있는 기회를 만든다. 질문은 자기의 잠재력을 깨우고 적극적 참여를 도우며 질문이 답을 만드는 과정이기도 하므로 매우 중요하다.

② 질문은 어떨 때 하고 싶은가

첫째, 궁금할 때 질문한다.

흥미와 관심이 있는 것에 대해 모르는 것이 있을 때, 질문을 하게 된다. 질문은 알고 싶은 욕구를 불러일으켜 책, 인터넷, 사람 등을 통해 알아내는 활동까지 실행하게 한다. 또한 다른 사람들과 대화, 모임, 교육 등에서 모르는 내용을 보거나 들었을 때, "저것은 뭐지?"라는 궁금증을 갖게 되며 질문을 한다. 이처럼 궁금증은 질문을 만들고 질문은 알아보고 싶은 탐구심을 갖게 하고, 탐구에서 얻어진 것을 실행하게 한다.

둘째, 상대방과 생각이나 의견이 다를 때 질문한다.

친구와 어떤 주제에 대해 토론을 하게 되면 서로 다른 의견이 나올 때 "너 정말 그렇게 생각해?"라고 질문을 한다. 여기에서 하는 질문은 내용을 몰라서라기보다는 상대방의 의견에 대해 스스로 공감하거나 수용할 수 없는 상황일 때이다. 상대방의 의견에 대해 구체적인 이유를 듣고 싶은 것이다.

셋째, 문제 상황이 발생했을 때 질문한다.

생활 속에서 배고플 때, 늦잠 잤을 때나 비즈니스에서 고객 불만족이 생겼을 때, 성과가 나지 않을 때 등등 문제 상황이 발생을 하면 우리는 "어떻게 하지?"라는 질문을 한다. 여기서의 질문은 궁금해서도 의견이 달라서도 아닌 현재 발생한 문제에 대해 어떻게 해결할 것인지 질문을 한 것이다.

늦잠을 잔 경우, '늦지 않으려면 어떻게 할까? 택시를 탈까? 늦는다고 전화를 할까? 그냥 옷만 입고 나갈까?' 등등의 질문을 하고, 질문하는 과정에서 어떤 해결책으로 행동을 할 것인지 정하게 된다.

③ 어떻게 하면 질문을 잘 할까

질문을 잘하게 하는 것은 '자주' 질문할 상황을 만들어 주는 것이다. 우리가 어떨 때 질문을 하고 싶은지에 대해 항목별로 잘할 수 있는 방법을 찾아보면 다음과 같다.

첫째, 궁금한 상황을 만들어준다.

질문은 궁금한 상황에서 자연스럽게 나온다. 그래서 의도적으로 궁금증을 유발할 수 있는 상황을 만들어 질문할 기회를 자주 준다. 예를 들어 새로운 것에 대해 질문하거나, 체험, 여행 등 다양한 경험의 기회를 주어 질문할 수 있는 환경을 마련해준다.

둘째, 다른 사람과 생각을 나눌 수 있는 기회를 만들어준다.

혼자서 생각하고 정리를 할 때는 질문이나 생각의 확장이 잘 일어나지 않는다. 이때, 다른 사람과 대화를 나누다 보면 생각지도 못했던 것에 대해 알게 되기도 하고, 새롭게 궁금한 것이 생기기도 한다. 또한 나와 상대방의 의견이 다를 때 '왜 그럴까' 하는 의문이 생기고 질문도 하게 된다. 즉 다른 사람과의 대화, 토의, 토론할 수 있는 기회가 많아질수록 질문도 많아지게 된다.

셋째, 문제 상황을 자주 만들어준다.

홍익 하브루타가 단계별로 진행하는 과정은 자연스럽게 질문할 수 있는 상황이기도 하다. 질문하기, 하브루타 하기, 결과 작성하기, 발표하기, 실천 적용하기, 연구하기 등은 단계별로 "뭘 질문하지?", "뭐라고 말하지?", "어떤 내용으로 작성하지?", "발표를 어떻게 하면 되지?", "나의 삶에 어떻게 적용하지?", "홍익 하브루타 하면서 더 연구하고 싶은 것이 무엇일까?" 등이 있다. 이렇게 단계별로 활동을 하기 위해서는 어떻게 해야 할지 질문하고 생각하고 말하거나 정리하는 시간이 필요하다. 이렇게 생각을 할 수밖에 없는 문제 상황을 자주 만들어 해결해 나가기 위해 자연스럽게 질문을 자주해야 한다.

④ 질문하기 팁

질문하기가 익숙하지 않거나 부담스러운 경우에는 질문을 할 수 있도록 중간에 매개를 활용하면 효과적이다. 여기서는 '그림'을 보고 질문하기, '단어'를 보고 질문하기, '문장'을 보고 질문하기, '글'을 보고 질문하기 등을 단계적으로 소개하며 질문을 확장할 수 있는 방법에 대해 살펴보려 한다.

첫째, '그림'을 보고 질문하기이다.

그림은 어린이부터 노인까지 누구나 쉽게 인지할 수 있다. 또한 그림은 보는 사람에 따라 다르게 보일 수 있다는 장점이 있다. 때문에 그림은 질문하기의 연습 도구로 삼는 데에 매우 유용하다. 그림은 본 학습과 관련이 있는 그림이어도 좋고, 두뇌열기를 위해 본 학습과 전혀 관련이 없는 그림을 사용해도 좋다.

그림을 보고 질문하기의 진행방식은 다음과 같다. 먼저 둘씩 짝을 짓는다. 그 다음 탁구공이 왔다갔다하는 핑퐁처럼 서로 번갈아 5~10회에 걸친 질문을 한다. 이때, '상대방이 질문한 것 중에 같은 내용을 질문하면 안 된다'라는 규칙을 적용하면 훨씬 적극적이고 생각의 확장이 크게 일어나는 질문하기 활동을 할 수 있다. 좀 더 질문하기를 깊이 있게 체험하기 위해서 질문하기 할 짝을 3명 정도와 바꾸어 같은 방식으로 진행하면 질문의 양도 많아지고 질도 좋아진다. 아울러 여러 명의 친구들과 질문하기 하브루타 활동을 통해 친구들과의 대인관계도 원활해지는 데 도움이 된다.

〈'그림'을 보고 질문하기 사례〉

- 사물들이 연결되어 있는데 의미는 무엇인가요?
- 인공지능 로봇인가요?
- 인공지능 발달은 어느 정도인가요?
- 인공지능이 활용되는 것들은 무엇이 있을까요?
- 인공지능은 인간의 영역 어디까지 대체가 가능할까요?
- 사람의 감정영역도 인공지능이 가능할까요?
- 향후 인공지능이 사람 일을 대체할 수 있는 분야는?
- 인공지능 시대에 우리는 어떤 역량을 키워야 할까요?
- 인간이 키워야 하는 능력은?
- 인공지능을 잘 활용할 수 있는 방법은?
- 학생들이 인공지능을 잘 활용할 수 있는 교육방법은?

둘째, '단어'를 보고 질문하기이다.

'단어'를 보여주고 떠오르는 것을 질문하게 한다. '그림'을 보고 질문하기와 같은 방식으로 진행한다. '단어'를 구체적으로 주기 때문에 질문이 구체적이고 단어와 관련된 질문까지 확장되어 질문 연습을 할 수 있다.

〈 '단어'를 보고 질문하기 사례 〉

단어: 인공지능

- 인공지능의 의미는 무엇인가요?
- 인공지능의 발달이 어디까지 왔나요?
- 강한 인공지능과 약한 인공지능이 있다고 하는데 어떻게 구분하나요?
- 로봇과 인공지능의 차이는 무엇인가요?
- 인공지능을 구현하기 위해 쓰이는 기술들은 무엇이 있나요?

- 스스로 학습하는 인공지능 실력은 어느 정도인가요?
- 인간의 일자리를 빼앗는 인공지능의 발달을 저지해야 하지 않을까요?
- 게임만 하는 학생들에게는 인공지능시대에 어떤 교육을 해야 하나요?

셋째, '문장'을 보고 질문하기이다.

문장에는 단어, 조사, 주어와 서술어, 문장 간의 관계 등 다양한 요소가 있다. 문장을 보고 질문을 할 때, 먼저 단어의 의미에 대해 질문하면 단어의 의미를 제대로 알아 주어와 서술어, 조사 등의 관계에 대해 질문하는 것이 용이해진다.

〈'문장'을 보고 질문하기 사례〉

문장: 우리는 인공지능시대에 살고 있다.

- 우리는 누구를 의미하는 것일까요?
- 인공지능의 의미는 무엇인가요?
- 역사적으로 시대를 어떻게 나눌 수 있나요?
- 인공지능시대는 언제부터일까요?
- 인공지능시대를 구분하는 특징은 무엇인가요?
- 인공지능시대에 영향을 받지 않는 사람들도 있을까요?
- 우리가 접할 수 있는 인공지능은 어떤 것들이 있을까요?
- 인공지능시대에 필요한 능력은 무엇일까요?
- 나는 인공지능시대에 필요한 인재가 되기 위해 지금 무엇을 해야 할까요?

넷째, '글'을 보고 질문하기이다.

글을 올바르게 이해하기 위해서는 단어, 문장관계, 지식의 깊이 등 세심한 이해를 통한 분석이 필요하다. 여러 문장일 경우 인과관계, 포함관계, 대립관계, 유사관계, 등 다양한 문장구조도 포함하고 있기 때문이다.

글은 짧은 글에서 시작해서 긴 글로 가면 좋다. 그리고 일상생활에서 사용하는 사회 이슈, 전문적인 내용으로 확장하여 질문하기 연습을 하면 좋다.

〈 '글'을 보고 질문하기 사례〉

> 인공지능, 로봇공학 등의 발전이 4차 산업혁명을 주도하며, 향후 전 세계 산업구조에 상당한 변화를 가져올 것으로 전망하고 있다. 2020년까지 총 710만 개의 일자리가 사라지고 200만 개의 일자리가 창출되어, 총 510만여 개의 일자리가 감소될 것이라고 예측했다.

> – 인공지능이란 무엇인가요?
> – 로봇공학이란 무엇인가요?
> – 제4차 산업혁명이란 무엇인가요?
> – 제4차 산업혁명의 특징은 무엇인가요?
> – 세계 산업구조가 구체적으로 어떤 변화가 일어나고 있나요?
> – 710만 개의 일자리가 사라지는데 어떤 부류의 일자리가 없어지나요?
> – 200만 개의 창출되는 일자리의 분야는 어떤 것이 있나요?
> – 510만여 개의 일자리가 없어지면 사회는 어떤 상황이 벌어질까요?
> – 창출되는 일을 하기 위해서는 어떻게 준비해야 할까요?
> – 없어지는 일자리를 가지고 있는 사람들은 어떻게 대처해야 할까요?
> – 나는 미래에 어떤 일을 해야 할까요?

(2) 생각 발전 – 하브루타 하기

주제를 읽고 내용을 분석하고, 둘씩 짝을 지어 서로 주제에 대해 공유하고 질문, 대화, 토의, 토론 등 홍익 하브루타를 통해 생각을 발전시키는 단계이다. 이 단계는 '주제이해 → 하브루타 → 창의적 해결'이 있다.

구분		내용
주제 이해	주제 선정	해결해야 할 또는 해결하고 싶은 문제를 주제로 선정
	주제 이해	주제를 소리 내어 읽고, 분석하며 주제 내용 이해하기
		상대방과 주제에 대해 공유하며 주제 이해 수준 맞추기
하브루타	나의 의견 제시하기	주장과 근거를 가지고 나의 의견 제시하기
	상대방 의견 수용(반박)하기	상대방 의견을 주장과 근거를 바탕으로 들으며 수용(반박)하기
해결방안 모색	해결방안 모색하기	서로 협력하여 해결방안 모색하기
	해결방안 정리하기	함께 찾은 해결방안 정리하기

① 주제이해

ⓐ 주제 선정

주제 영역은 인문고전, 교과, 역사, 정치, 경제, 사회, 과학, 예술, 문화, 가정, 생활 이슈, 경영 이슈 등 삶을 살아가면서 당연하게 생각하는 것까지 모든 것을 홍익 하브루타 주제로 선정할 수 있다. 특히 개인, 조직, 기업 등에 해결해야 할 또는 해결하고 싶은 문제를 중심으로 주제를 선정하면 당면한 문제에 대해 창의적인 해결방안을 찾을 수 있다.

ⓑ 주제 이해

하브루타를 본격적으로 들어가기 전, 주제 이해의 과정은 다음과 같다.

첫째, 주제를 소리 내어 낭독한다.

주제를 이해하는 데 있어 큰 소리로 읽는 것은 글자 하나하나를 놓치지 않고 집중해서 이해를 하는 데 도움이 된다. 소리 내어 읽는 것은 눈으로 읽는 묵독보다 메타인지를 활성화시켜 가독성을 높여준다.

둘째, 주제를 분석한다.

문장에서 주어는 누구인지, 어떤 행동을 했는지, 왜 그런 행동을 해야만 했는지 등 주제의 내용을 꼼꼼히 분석한다.

셋째, 주제를 이해한다.

혼자서 큰 소리로 읽고, 주제를 분석하여 주제에 대한 전반적인 내용을 이해한다. 내용을 전체적으로 이해해야 주제에 대해 상대방과 상호 이해할 때 도움이 된다.

넷째, 각자 주제에 대해 이해한 내용을 공유한다.

두 사람은 각자 주제에 대해 이해한 내용을 공유한다. 같은 주제를 얼마만큼 서로 이해하는지 서로 다르게 이해한 것에 대해서 알 수 있다.

다섯째, 주제 이해 수준을 맞춘다.

서로 주제를 공유하면서 다르게 이해한 부분은 없는지, 이해를 못하고 있는 부분은 없는지 확인한다. 그런 다음 다르게 이해한 부분은 질문과 대답을 통해 서로 이해하는 수준의 정도를 맞춘다.

여섯째, 상호 이해한 주제의 내용을 정리한다.

주제 수준을 맞춘 다음 서로 주제에 대해 이해한 내용을 정리해 본다. 이렇게 정리하는 것은 같은 수준에서 하브루타를 원활하게 진행하기 위함이다.

② 하브루타

ⓐ 나의 의견 제시하기

먼저 주제에 대해 상대방에게 주장을 하고 주장에 대한 구체적인 근거를 제시한다. 상대방이 나의 의견에 대해 궁금한 것을 질문해 오거나 나의 의견에 다른 의견을 제시할 경우, 답변이나 반론을 통해 나의 의견을 좀 더 세세하게 제시한다.

ⓑ 상대방의 의견 수용(반박)하기

상대방의 주장과 그에 따른 근거를 듣고 그것이 나의 의견과 어떻게 다른지 궁금한 사항은 무엇인지 분석하며 경청한다. 상대방의 의견에 수용할 부분은 수용하고, 반론할 부분은 주장과 근거를 들어 반론한다.

주제가 찬성과 반대의 대립되는 경우에는 찬반 토론을 진행한다. 주제에 대한 찬성 또는 반대 자신의 입장을 명확히 밝힌다. 이때 자신의 입장에 대한 주장과 근거를 제시하며 궁금한 것에 대한 확인 질문을 한다. 또 상대방이 주장하는 바에 대해 반론을 한 다음 찬성과 반대의 역할을 바꾸어 토론한다.

③ 해결방안 모색

ⓐ 해결방안 모색하기

창의적 해결은 서로 다른 의견을 모아서 절충안 또는 제3의 해결책을 도출하는 과정이다. 창의적 해결방법을 찾는 것이 왜 중요한가? 창의적 해결방법을 고민하면 극단적인 생각이 아닌 균형 잡힌 사고를 할 수 있게 되고, 제3의 혹은 제4의 효과적인 문제해결 방안을 모색할 수 있다. 또한 서로 의견을 조율하고 합의하는 과정을 통해 협상하는 능력도 기를 수 있다.

창의적 해결 과정은 각각의 주장에 대해 그 이유를 확인하고 공통적 요소를 찾은 후, 서로 동의하는지 확인한다. 합의가 되지 않아도 합의하는 과정을 익히면 제3의 창의적인 솔루션이 나온다.

ⓑ 해결방안 정리하기

하브루타를 한 상대와 주장에 대해 그 이유를 확인해 보고 공통적인 요소를 찾는다. 상호 공통점이 부각되도록 의견을 정리한다. 공통점이 없는 경우에는 학습자 각각의 해결방안에 대한 의견을 정리한다.

(3) 생각 표현 – 글·그림 작성 & 발표하기

생각발전을 위한 하브루타가 끝나고 자신의 생각을 글 또는 그림으로 표현하고 발표하는 단계이다. 모든 학습자가 자신이 작성한 내용을 발표할 수 있게 한다. 하브루타 하고 작성 내용을 발표하는 과정을 통해 발표능력 이외에도 자신감을 가질 수 있다. 이를 꾸준히 한다면 글쓰기 실력도 향상된다.

발표 방법

- 처음 인사와 자기소개로 발표를 시작한다.
- 강약, 말의 속도를 조절하여 발표한다.
- 주장을 먼저 발표하고 근거를 다음으로 발표한다.
- 주장하는 바에 따른 적절한 사례를 제시하여 발표한다.
- 홍익 하브루타 한 소감을 발표하고, 마무리로 인사를 한다.

(4) 생각 적용 – 실천하기

주제와 관련 있는 내용을 바탕으로 생활 속에서 실천할 수 있는 것을 찾아보는 단계이다. 이로 인해 삶을 긍정적으로 바꿀 수 있는 실전의 의지를 다질 수 있다. 삶에 적용할 수 있게 하는 방법으로는 주제와 연관된 실천할 수 있는 테마를 제시하여 학습자 스스로 실천할 수 있는 구체적인 태도나 행동할 것을 작성한다. 그 결과를 소리 내어 발표하게 하여 실천의지를 높이게 한다. 이때, 실천할 내용에 대해 맨 앞부분에 자신의 이름을 쓰게 하면 실천의욕을 훨씬 높일 수 있다.

실천 적용 작성 방법

- 주제와 연관된 실천 적용을 할 수 있게 테마를 제시한다.
- 주제와 관련하여 나의 생활 속에서 적용할 수 있는 내용을 작성한다.
- 실천 적용한 내용을 스스로 말로 표현하게 하여 실천 의지를 높인다.
- 실천 적용 작성 시, 이름을 앞에 쓰게 한다. 이름을 쓰고 발표함으로써 실천의지를 높인다.

(5) 생각 정리 – 피드백하기

주제와 관련하여 도움이 될 수 있는 내용이거나 더 생각해 볼 수 있는 것에 대해 제시해 주는 단계이다. 피드백은 올바른 배움을 위한 가이드, 지식 습득, 간접 경험 그리고 새로운 것에 대한 호기심으로 알고 싶어 하는 동기를 갖게 하는 데 중요한 역할을 한다. 피드백은 올바른 가치, 철학, 신념을 형성하고 미래에 꿈과 비전을 갖고 세울 수 있게 지원해 준다. 효과적인 피드백을 하기 위해서 그림, 글씨로 이루어진 자료, 동영상 자료, 경험자료 등 다양한 형태의 자료를 활용하면 좋다.

(6) 생각 심화 – 연구하기

1단계 질문하기에서 5단계 피드백하기까지 진행하는 과정에서 궁금한 사항에 대해 스스로 연구하는 단계이다. 연구를 하게 하는 가장 효과적인 방법은 호기심을 갖게 하는 것이다. 스스로 궁금해서 연구하는 활동은 '아하!' 하는 깨달음을 얻게 되고, 깨달음은 다시 호기심을 낳고, 호기심은 연구를 하면서 또 '아하!' 하는 깨달음을 준다. 이러한 과정은 학습자로 하여금 새로운 발견을 하게 만든다.

연구활동에는 두 가지 종류가 있다. 학습 후 바로 진행하는 '즉시 연구하기'와 스스로 궁금한 것에 대해 다양한 자료 책, 사전, 컴퓨터 등을 활용하여 깊이 있는 연구를 할 수 있는 '심화 연구하기'가 있다.

첫째, 즉시 연구하기.

5단계까지 진행한 후, 궁금한 것이거나 좀 더 심화해서 알아야 하는 내용에 대해 즉시 연구하는 활동이다. 둘씩 함께 연구할 수 있는 테마를 제시해 주거나 둘이 궁금한 것을 대화를 나누며 연구할 내용을 발굴하여 연구하게 한다. 연구 테마로 제시한 사례로는 "친구와 관련한 사자성어를 찾고 연구하세요."가 있다.

즉시 연구하기는 학습자가 궁금한 것을 즉시 해결해 주어 학습에 대한 관심도를 높이고, 궁금한 것을 알아내며 성취감을 가질 수 있다. 또한 일반적으로 학습자들이 학습한 후, 과제에 대한 부담감이 큰데 즉시 연구하기는 과제에 대한 부담감을 줄여준다.

둘째, 심화 연구하기.

스스로 궁금한 것에 대해 다양한 자료를 활용하여 깊이 있게 연구하는 활동이다. 심화 연구하기에서는 깊이 있는 연구 활동을 통해 보다 많은 것을 알아내고 깨달을 수 있다. 다음 학습 시, 짝과 연구한 내용을 공유하게 하고, 심화연구한 결과를 발표할 수 있는 시간을 갖는다.

〈홍익 하브루타 프로세스 진행사례〉

단계	핵심활동	활동 내용
1단계	생각열기 (질문)	'친구'로 질문하기 왜 웃고 있을까요? 나이가 같을까요? 정말 친할까요? 세 명은 친한 친구일까요?
2단계	생각발전 (하브루타)	'주제: 학교폭력'(하브루타하기) 때리지는 않았지만 함께 있었던 피고인은 유죄다. (찬성 VS 반대)
3단계	생각표현 (작성&발표)	작성 & 발표하기 | 주제	때리지는 않았지만 함께 있었던 피고인은 유죄다.
성명	
정리 찬성	
정리 반대	
창의적 해결	
소감		
4단계	생각적용 (실천)	'친구를 존중하기 위한 행동' 실천 적용하기 – 친구 이야기 잘 들어주기 – 장난으로 때리지 않기 – 욕하지 않기
5단계	생각정리 (피드백)	'학교폭력'에 대해 정리하기 **학교폭력의 종류** – 신체폭력: 상해죄, 폭력죄, 약취죄, 감금죄, 유인죄 – 언어폭력: 명예훼손, 모욕적인 용어 – 금품갈취 – 강요 – 따돌림 – 사이버 및 매체 폭력
6단계	생각심화 (연구)	'학교폭력' 스스로 연구하기 – 최근 학교폭력 사건 기사 찾기 – 학교폭력에 대한 법률적인 것 알아보기 – 학교폭력 예방법 찾아보기 – 학교폭력을 당했을 때 대처방법 알아보기

5장

글로벌 교육코드 홍익 하브루타 프로세스 진행 스킬

질문 스킬

하브루타 스킬

글·발표 스킬

실천 스킬

피드백 스킬

연구 스킬

(1) 질문 스킬

① 질문의 중요성

　인류의 발전은 부족함이 원동력이었다. 물고기나 사냥을 하기 위해 도구를 만들었고, 먹기 위해 그릇을 만들었고, 어둠과 위험으로부터 보호하기 위해 불을 발견했다. 이처럼 인류는 부족함 즉 결핍으로 발전해 왔다고 해도 과언이 아니다. 집에 도둑이 들어올까 봐 불안해서 만들어진 것이 자물쇠와 열쇠이다. 자물쇠와 열쇠를 사용하는 것이 불편해지자 점점 기술이 발전하여 번호형 잠금장치, 지문인식 등으로 발전했다. 이와 같이 인류는 지금의 부족함을 해결하기 위해 과학 기술을 발전시켰다.

　부재, 부족, 불편, 불만, 불안, 부진, 불신 등 부족함은 인간에게 호기심을 갖게 했고, "어떻게 하면 문제를 해결할 수 있을까?" 하는 질문을 하게 만들었다. 질문은 인류를 발전하게 하는 힘이었고, 개인에게는 성공적인 삶을 살게 하는 힘이 되었다.

② 질문에 긍정적으로 반응하기

　질문은 세상을 변화시키는 힘이다. '어떻게 하면 질문을 자유롭게 하고 좋은 질문을 하고 탐구하게 할 것인가?'라는 질문에 대해 생각해보자. 질문의 시작은 학습자가 질문을 했을 때, 긍정적인 반응을 보이는 것이다. 유대인들은 질문을 매우 적극적으로 하고 질문의 수준도 높다. 그 이유를 살펴보면 어릴 때부터 아이들이 질문을 했을 때, 부모나 교육기관의 교사들이 보이는 긍정적 반응과 매우 밀접한 관련이 있다. 아이들은 자신의 행동을 지켜보는 주변 사람들의 반응에 따라 얼마든지 달라질 수 있다.

주변사람들의 반응에 따라 행동이 강화 되기도 하고 소극적이 되기도 한다. 우리의 가정과 교육기관에서의 모습을 살펴보면 좋은 질문일 때는 긍정적인 반응을 보이지만 쓸데없다고 생각하거나 수업에 방해가 되는 질문을 했을 때는 부정적인 반응을 보이는 것이 대부분이다.

질문을 잘하기 위해서는 **첫째, 학습자가 질문했을 때 긍정적인 반응을 해 주는 것이다.** 질문에 대한 긍정적인 반응은 더 적극적으로 질문을 하고 싶은 생각과 마음이 들게 한다.

둘째, 자유롭게 질문을 할 수 있는 시간을 만들어 어떠한 질문이든 할 수 있는 기회를 준다. 질문을 잘하기 위해서는 '자주' 질문하는 연습을 해야 한다. 그래야 질문을 잘할 수 있다.

셋째, 학습자의 질문이 답변이 필요하기보다는 하기 싫은 것이나 불편한 상황을 질문으로 했을 때는 '되 질문'을 통해 현재의 마음상태를 확인한다. 유대인들이 지혜로운 답변 중 하나가 바로 '되 질문'을 한다는 점이다. 되 질문은 학습자 스스로 질문한 것에 대해 스스로 답변을 찾아보는 시간을 주는 효과가 있다.

[사례] '학교'라는 단어를 보고 질문해 보세요.

질문에 긍정적으로 반응하기	질문: 학교를 왜 만들었대요?
	반응: 아~ ○○이는 학교가 왜 만들어졌는지 궁금하군요.
	질문: 페스탈로치는 노작교육을 했다는데 노작교육이 뭐예요?
	반응: 우와~ 노작교육이 궁금해요. 훌륭한 질문이에요.
질문하는 기회주기	'학교' 단어를 보고 마음껏 질문해 보세요. - 학교는 왜 다녀요?

	– 학교에서는 무엇을 배워요? – 학교 가기 싫을 때는 어떻게 해야 해요? – 학교에 가면 친구를 어떻게 하면 사귈 수 있을까요?
되 실문하기	질문: 학교는 꼭 가야 해요? 되 질문: 왜 학교를 가야 하는 것 같아요?

③ 호기심을 높이는 질문하기

학습자에게 학습에 집중하고 적극적으로 참여하게 하는 데 있어 첫 번째 관문은 호기심을 갖게 하는 것이다. 호기심을 가질 수 있는 질문을 통하여 관심과 흥미를 갖게 한다.

첫째, 너무 당연하다고 생각하는 것을 질문한다. 당연하다고 생각하는 것을 질문했을 때, '정말 왜 그렇지?'라는 궁금증이 생기면서 관심을 갖게 된다.

둘째, 다른 것의 차이에 대해 질문한다. 차이를 생각하면 질문할 것이 생기기 때문에 학습자가 질문하는 데 도움이 된다.

셋째, 탐구가 필요한 것을 질문한다. 질문을 했을 때, 바로 답을 할 수 있는 질문도 있지만, 탐구를 하여 알아내야 하는 과정이 필요한 경우도 있다. 탐구가 필요한 질문은 학습자에게 관심을 갖게 하고, 찾아보는 활동을 통해 흥미도 생기고 알아냈다는 성취감도 느낄 수 있다.

[사례] '길'에 대해 알아봅시다

당연하다고 생각하는 것 질문	질문: 길은 왜 생겨났을까? 답변: 사람들이 오가며 생긴 것 같아요.

	질문: 사람들이 다닐 수 있는 길에는 어떤 것들이 있을까요?
	답변: 오솔길, 자전거 도로, 차도, 고속도로 같은 게 있어요.
다른 것의 차이 질문	질문: 땅, 강이나 바다, 하늘을 사람들이 다니는 길의 차이는 무엇일까요?
	답변: 땅으로 다니는 육로, 물로 다니는 해로, 하늘로 다니는 항로예요.
탐구가 필요한 질문	질문: 자전거를 탈 때, 위법인 경우는 어떤 때인가요?
	답변: 안전장비를 하지 않고 탈 때요. 그리고……
	질문: 안정장비를 착용하지 않은 것은 무엇을 위법한 것일까요?

④ 생각을 자극하는 질문하기

학습자가 생각을 할 수 있는 자극을 주어야 한다. 생각을 자극하는 방법 중 좋은 방법은 바로 새로운 것을 보고, 듣고, 느끼게 하는 여행이 있다. 여행을 하는 동안 머릿속에는 이런저런 궁금증과 호기심이 생긴다. '저기 보이는 곳은 어디지?', '저곳에는 어떤 사람들이 살까?', '맛있는 음식은 무엇일까?' 등의 질문이 끊임없이 떠오른다. 이러한 질문을 던지면 그 분야에 대한 관심이 자연스레 높아지고 새로운 흥미가 생긴다. 이처럼 학습자에게 생각을 자극할 수 있는 질문을 던져보는 것이 좋다.

생각을 자극하는 질문으로는 **먼저, 도전 상황을 만들어 질문하는 것이 있다.** 전혀 생각이 없던 분야에 도전을 받으면 자극을 받아 '한 번 해볼까' 하는 생각을 하게 된다. 도전 상황이 실천까지 하게 하려면 도전 가능성이 있는 질문을 한다.

**둘째, 문제 상황을 어떻게 직면할 것인지 생각하게 하는 질문을 한
다.** 생활 속에서 직면하고 있는 문제나 세계적으로 함께 고민해야 하
는 문제 등에 대해서 가정적인 상황을 만들어 질문을 한다. 그러면 '나
라면 어떻게 할까?'라는 질문을 하면 문제를 들여다보게 되고 해결을
어떻게 하면 좋을지 생각하게 된다.

[사례]

도전 상황 질문	질문: 농구 골대 안에 몇 골을 넣을 수 있을까요? 답변: 한번 농구 해 볼까요?
문제 상황 질문	질문: 지구에 물 부족 국가가 많다고 해요. 우리가 하루 종 일 물을 먹지 않으면 어떤 상황이 생길까요? 답변: 물의 소중함을 알기 위해 하루 종일 물 안 먹고 생활 하기 실천에 참가해 볼게요.

⑤ 스스로 문제해결을 할 수 있도록 하는 질문하기

'문제에 대한 해답은 문제를 가진 사람이 가지고 있다.' '현장에서 일
어난 문제는 현장에 답이 있다.'라는 말과 일맥상통한다. 이처럼 수많
은 문제는 스스로가 문제라고 생각하는 순간 스스로가 해결할 수 있
는 해결방법도 가지고 있다는 것을 의미한다.

학습 과정에서 문제를 틀리게 풀었을 때, 친구와 싸워 문제를 일으
켰을 때, 성과가 나지 않을 때 등 문제가 발생했을 때, 질문으로 스스
로 문제를 들여다보고 생각할 시간을 준다. 그러면 스스로 문제 상황
을 인식하고 원인이 무엇이었는지 어떻게 해결해야 할 것인지 생각한

다. 때에 따라서는 스스로 문제를 해결하기도 하고, 해결하지 못하더라도 최소한 문제 상황을 인지하고 도움을 요청하여 해결하는 방법을 찾을 수 있게 된다.

[사례] 질문의 종류

문제를 틀렸을 때	왜 그렇게 생각하니?
친구와 싸워 문제를 일으켰을 때	무슨 일이에요?
성과가 나지 않을 때	성과가 나지 않는 이유는 무엇일까요?

⑥ 부족함을 느끼는 질문하기

인류가 발전하게 된 근본 원동력은 부족함(Lack)이었다. 어느 상황에서든지 부족함은 무언가에 대한 필요성을 느끼게 되고 필요성은 질문을 만들고 질문은 탐구를 하게 만든다. 탐구를 통한 노력은 무언가를 찾아내게 한다. 이것이 인류가 발전한 사이클이다.

부족함을 느끼는 질문을 통해 필요를 느끼고 탐구하고 싶어지게 할 수 있다. 부족함에는 不(아닐 불, 부)자로 시작하는 단어들이 부족함을 표현하는 의미를 가진 것들이다. 없는 것은 부재, 필요한 양이나 기준에 미치지 못해 충분하지 아니한 것은 부족, 어떤 것을 사용하거나 이용하는 것이 거북하거나 괴롭거나 몸이나 마음이 편하지 아니한 것은 불편, 마음에 흡족하지 않은 것은 불만, 차별이 있어 고르지 아니한 것은 불평, 마음이 편하지 아니하고 조마조마한 것은 불안, 어떤 일이 이루어지는 기세나 힘 따위가 활발하지 아니한 것은 부진, 믿지 아니하거나 믿지 못하는 것은 불신, 이외에도 不(불, 부)자가 들어가는 불공평, 부조리, 불균형 등 부족함을 나타내는 많은 단어들이 여기에 속한다.

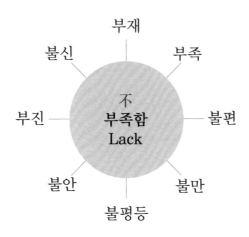

[사례] '부족함' 관련 질문 사례

부재	새롭게 발생하는 전염병은 어떻게 대처해야 하나요?
부족	전 세계적으로 물 부족 국가가 많아지고 있습니다. 어떻게 하면 물 부족을 해결할 수 있을까요?
불편	장애를 가진 분들이 대중교통을 편하게 이용하려면 어떻게 해야 할까요?
불만	불법 쓰레기가 마을 입구에 쌓여 지저분하고 악취가 납니다. 어떻게 처리해야 할까요?
불평등	빈부차이에 따라 교육의 불평등이 큽니다. 교육 불평등은 어떻게 해결해야 할까요?

불안	밤늦게 퇴근하고 집에 가는 길이 무섭습니다. 안전하게 집에 가려면 어떻게 해야 할까요?
부진	사업의 성과가 급격하게 떨어졌습니다. 어떻게 하면 부진을 극복할 수 있을까요?
불신	가정 집에 도둑이 들어오는 것을 예방하려면 어떻게 해야 할까요?

⑦ QAQ로 생각 끌어내는 질문하기

QAQ는 필자가 만든 것으로 'Question Answer Question'의 약자다. '질문하고 → 답변하고 → 답변한 핵심내용으로 다시 질문하기'의 과정을 반복하며 대화하는 것을 의미한다.

QAQ의 진행은 **먼저 열린 질문으로 시작한다.** 상대방의 대답에 따라 다음 질문으로 이어지기 때문에 '예, 아니오'가 아닌 어떠한 말이든 할 수 있는 질문을 해야 한다. **둘째, 상대방의 대답을 귀 기울여 듣는다.** 상대방이 하는 대답에 따라 다음에 어떤 핵심질문을 할 것인지 결정해야 하기 때문에 잘 들어야 한다. 제대로 이해가 안 되거나 잘 못 들었을 때는 다시 확인하는 질문을 통해 명확하게 이해하는 과정을 거친다. **셋째, 상대방이 대답한 내용 중 핵심이 되는 단어로 다시 질문을 한다.** 상대방이 대답한 것 중에 핵심 단어로 질문을 하면 답변도 잘 나오고 보다 깊이 있는 생각까지 이끌어낼 수 있다.

QAQ 대화의 효과는 첫째, 상대방이 생각하고 있는 것을 질문을 통해 대화가 끊어지지 않고 지속할 수 있다. 둘째, 상대방의 마음을 알고 맞춤형 대화를 할 수 있다. 셋째, 상대방이 대답한 내용에서 다시 질문을 하여 깊이 있는 대화가 이루어진다. 넷째, 상대방에게 원하는 것을 자연스럽게 QAQ를 통해 설득할 수 있다. QAQ 대화는 일방적인 설명이 아닌 상대방이 스스로 생각하고 말하는 활동으로 사고의 변화가 일어난다.

[사례] 동료와의 대화

동료가 어두운 얼굴로 사무실에 들어왔어요. QAQ로 대화를 나눠보세요.

Q-나) 무슨 일 있어요? 얼굴 안색이 안 좋아요.

A-동료) 저와 계약하기로 했는데, 다른 사람과 계약하기로 했대요.

Q-나) 가망고객과 어떤 것을 계약하기로 했던 거예요?

A-동료) 건강 제품 판매요.

Q-나) 가망고객이 건강 제품에 관심 있어 하는 부분은 뭐였어요?

A-동료) 몸이 아프대요.

Q-나) 가망고객이 아픈 곳도 낫고 건강해질 수 있게 다시 상담할 수 있는 방법은 무엇이 있을까요?

⑧ 사건을 파악하는 육하원칙 질문하기

육하원칙은 사건에 대해 명확하게 내용을 전달하는 보도문이나 기사문을 쓸 때에 활용한다. 육하원칙은 '누가, 언제, 어디서, 무엇을, 어떻게, 왜'의 여섯 가지 항목인데, 이를 달리 5W1H라고도 한다. 5W는 Who, When, Where, What, Why를 말하며 1H는 How를 말한다. 육하원칙에 의거하여 글을 작성하면 글을 정확하고 자세하게 쓸 수 있을 뿐만 아니라 읽는 사람들이 이해하기도 쉽다.

[사례] 육하 원칙에 따른 사례

- **누가(Who)**: 누가 사고를 냈나요?

- **언제(When)**: 언제 사고가 일어났나요?

- **어디서(Where)**: 어디에서 사고가 일어났나요?

- **무엇을(What)**: 추돌사고의 차량 종류는 무엇이고 인적 피해 상황은 무엇인가요?

- **어떻게(How)**: 어떻게 사고가 났나요?

- **왜(Why)**: 왜 사고가 일어났나요?

(2) 하브루타 스킬

홍익 하브루타는 1:1로 짝을 지어 질문, 대화, 토의, 토론을 하는 활동으로 효과적으로 진행하기 위한 몇 가지 진행 원칙이 있다.

첫째, 반드시 2명(Pair Learning)이 진행한다.

하브루타를 진행할 때, 2명이어야 하는 이유는 관찰자가 없어 학습자가 학습에 더 적극적으로 참여하여 효과가 더 높기 때문이다. 짝이 맞지 않을 경우에는 1팀은 3명이 진행할 수 있게 한다. 다만 2명은 하브루타를 하고 1명은 2명이 하브루타를 하는 내용을 듣고 있거나 내용을 작성하게 한다.

둘째, 찬성과 반대의 주제로 진행할 경우, 스위칭Switching 한다.

학습자가 찬성과 반대의 입장을 스위칭 즉 역지사지하여 토론을 하여 양쪽의 입장에서 생각하면서 생각의 확장이 일어나고 유연한 사고로 창의적인 해결도 찾을 수 있다. 그리고 찬성과 반대 양쪽 입장에서 생각하고 토론하는 활동으로 상대방을 이해하고 서로 협력하는 인간관계도 형성할 수 있다.

셋째, 주제가 바뀔 때마다 상대를 체인징Changing한다.

'하브루타를 하면 상대방의 인생이 나의 가슴 속에 들어온다.'라는 유대인들의 표현이 있다. 이것은 하브루타를 할 때, 상대방과 주제에 대한 의견뿐만 아니라 가치관, 신념까지도 함께 나누기 때문이다. 생각이 다른 사람들이 만나 의견을 공유하면서 새로운 생각의 자극이 일어난다. 그래서 주제가 바뀔 때마다 상대를 바꾸면 더 활발하게 소통이 이루어지고 생각확장에도 더 도움이 된다. 또한 여러 사람과 소통을 하면서 사람을 대하는 인간관계, 협상력, 리더십 등도 기를 수 있다.

상대방을 바꾸는 아이디어로는 나란히 앉아 있는 사람끼리, 안경 쓴 사람과 쓰지 않은 사람, 제비뽑기, 여성과 남성, 연령대별로, 원하는 사람 선택하기, 한 번도 하브루타 하지 않았던 사람 선택하기 등 다양한 방법이 있다.

① 나의 의견 말하기

우리는 보통 자신의 의견을 말하는 것에 서툴다. 이에 반해 유대인들은 자신의 의견을 말하는 것에는 주저함이 없다. 그 이유는 유대인들은 어렸을 때부터 자신의 생각을 말하는 연습을 자주 하기 때문이다. 우리는 말하는 연습보다는 듣는 것에 더 익숙하다. 그렇다면 '나의 의견을 잘 말하기 위해서는 어떻게 해야 할까?'라는 질문에 답변을 내놓을 수 있어야 한다. 그 질문에 대한 답은 '지금이라도 말하는 연습을 자주 하라'는 것이다.

소리 내어 생각하기의 권위자인 수잔 디렌데 교수는 '어'라는 소리라도 내라고 한다. '어'라고 소리를 내면 뭔가를 말할 수 있게 만들어 준다는 것이다. 말하면 생각이 정리되고 생각이 더 발전하게 된다고 한다. '나의 의견을 잘 말하기 위해서는 어떻게 해야 할까?'

첫째, 자주 말하는 기회를 갖는다.

1:1로 짝을 지어 말하고 듣는 활동인 홍익 하브루타를 할 기회를 자주 주면 말하기 연습과 듣기 연습을 동시에 할 수 있다.

둘째, 나의 의견을 정리하는 시간을 갖는다.

홍익 하브루타를 하고 난 후에 결과를 작성하는 활동이 나의 의견을 말하는 것에 도움이 된다.

셋째, 다른 사람들이 발표하는 것을 자주 듣는다. 이때, 발표를 들으며 나와 다른 의견이거나 미처 몰랐던 내용에 대해 귀 기울여 듣는다.

넷째, 다른 친구의 발표 내용을 들으며 메모한다.

처음에는 메모한 내용을 보면서 여러 번 낭독을 하고, 내용이 파악되고 난 후에는 정식으로 사람들 앞에서 말하듯이 발표한다. 그러면 처음에 나의 의견에 대해 빈약했던 부분이 채워지고 몰랐던 내용도 알게 되고 나의 의견을 발표하는 실력도 향상된다.

② 상대방의 의견 듣기

의사소통을 원활하게 한다는 것은 나의 생각을 명확하게 상대가 이해할 수 있도록 말하고 상대방의 의견을 제대로 듣는 것이다. 특히 홍익 하브루타는 서로간의 의견을 주고 받는 활동으로 상대방의 의견을 듣고 나와 다른 생각이면 반론을 제기하거나 생각의 확장이 일어나 의견을 풍부하게 할 수도 있다. '상대방의 의견을 잘 듣기 위해서 어떻게 해야 할까?'

첫째, 눈을 맞추며 듣는다.

눈을 맞추며 듣고 있다는 것은 상대를 존중하며 적극적으로 의견을 경청하고 있다는 것을 의미한다. 상대방의 눈을 보고 의견을 듣다보면 얼굴 표정이 보이고 말하는 입모양도 볼 수 있어 상대방이 말하고자 하는 의도를 더 정확하게 파악할 수 있다.

둘째, 비언어적인 것을 파악하며 듣는다.

미국의 앨버트 메라비언 교수는 1971년 의사전달 구성요소에 대한 연구결과에서 표정, 용모, 복장, 자세, 동작 등 비언어적인 요소가 55%의 의사전달을 한다고 밝혔다. 이처럼 의사전달을 하는 과정에서 비언어적인 요소는 의사소통에 중요한 역할을 한다. 상대방의 비언어적인 요소가 나타내는 의도를 파악하며 듣는 것은 상대방이 말하고 있는 의도를 파악하는 데 도움이 된다.

셋째, 말하는 의견을 이해하며 듣는다.

언어적 의사소통은 정보를 정확하게 전달할 수 있게 해 준다. 그러나 말을 하는 사람이 말하는 내용이 애매모호하거나 적절하지 않은 표현으로 이해가 잘 안 될 수도 있다. 또한 듣는 동안 잠시 다른 생각을 하거나 주위가 산만해져서 상대방이 말하는 것을 놓치는 경우도 생길 수 있다. 이때, 이해하지 못한 내용에 대해 상대방에게 질문을 하여 자세한 설명을 들어 이해하면서 듣는다.

(3) 글·발표 스킬

① 글쓰기

홍익 하브루타는 상대방과 어떤 문제에 대해 논리적인 근거를 들어 설득 또는 수용하거나 새로운 아이디어를 만들어내는 과정이다. 홍익 하브루타를 하고 난 후에 의견 정리는 다음과 같이 하면 된다.

첫째, 홍익 하브루타에서 나온 내용을 종합적으로 정리한다.

나의 의견뿐만 아니라 상대방 의견 중에 이해가 되고 공감이 되는 의견을 통합하여 작성한다. 홍익 하브루타는 나의 의견으로 상대방을 설득하기 위한 것이 아닌 짝과 함께 공동의 지혜를 찾아가는 과정이므로 글을 작성할 때도 새롭게 알게 된 것이나 깨닫게 된 것을 종합적으로 작성한다.

둘째, 작성 양식에 의견을 3개 이상 작성한다.

3개 이상 생각을 작성하게 하는 것의 효과로는 홍익 하브루타를 활발하게 할 수 있고, 글을 쓰는 능력을 배양할 수도 있다. 작성해야 하는 내용의 최소 가이드라인을 정해 놓는 것이 하브루타를 활성화하는 데에 도움이 된다. 또한 홍익 하브루타 결과 작성의 완성도가 높을수록 발표의 질도 높아진다.

셋째, 소감은 느낀 것, 배운 것, 적용할 것을 포함하여 작성한다.

홍익 하브루타에서 소감을 작성하는 것은 학습자 개개인의 삶 속에 활동한 내용을 적용하는 과정으로 매우 중요한 시간이다. 소감은 홍익 하브루타를 하면서 느낀 것, 새롭게 알게 된 것이나 알고 있었지만 깊이 깨닫게 된 것 등 나의 삶에 적용할 부분이나 다짐을 작성한다.

② 발표하기

홍익 하브루타 실시 후에 모든 학습자에게 발표할 수 있는 기회를 주는 것이 좋다. 발표를 하며 정리한 내용을 더욱 명확하게 이해하게 되고, 발표하는 능력도 기를 수 있다. 시간의 여유에 따라 효과적으로 모든 학습자가 발표를 할 수 있는 방법이 있다.

첫째, 1분의 시간이 있는 경우.

학습자가 작성한 내용을 일어서서 큰 소리로 동시에 발표하게 한다. 1분 이내에 모든 학습자가 발표할 수 있다는 장점이 있다. 다만 진행자와 다른 학습자는 들을 수 없다는 단점이 있다.

둘째, 5분의 시간이 있는 경우.

짝을 이루어 서로 발표한다. 나의 의견을 표현할 수 있고 상대방의 의견을 들을 수 있다.

셋째, 10분의 시간이 있는 경우.

홍익 하브루타 발표 릴레이를 한다. 학습자 1명이 2~4명 정도와 발표 릴레이를 한다. 발표 릴레이를 하면 발표를 여러 번 반복하기 때문에 발표력이 길러지고, 다른 사람의 발표를 들으며 생각하기 때문에 생각의 확장이 일어난다.

넷째, 시간이 많은 경우.

모든 학습자가 한 사람씩 나와서 발표한다. 많은 사람들 앞에서 발표하는 연습을 통해 두려움을 극복할 수 있고, 여러 사람의 발표를 들으며 배우고 느끼고 적용해야 할 것을 많이 찾을 수 있다.

[사례] 효과적인 프레젠테이션이란?

홍익 하브루타 실시 후에 작성한 결과를 아리스토텔레스의 설득력 있는 주장 5단계에 맞추어 다시 작성하면 프레젠테이션의 효과를 높일 수 있다.

(출처: 카마인 갈로, 《스티브 잡스의 프레젠테이션 비밀》, 랜덤하우스코리아, 2010, 41쪽)

아리스토텔레스의 설득력 있는 주장 5단계

1. 청중의 관심을 자극하는 이야기를 꺼낸다.
2. 해결해야 할 문제나 대답해야 할 의문을 제기한다.
3. 제기한 문제에 대한 해결책을 제시한다.
4. 제시한 해결책에 따른 구체적인 혜택을 설명한다.
5. 행동을 요청한다.

〈작성 양식〉

청중의 관심을 끄는 이야기	
해결해야 할 문제에 의문 제기	
제기한 문제에 대한 해결책 제시	
제시한 해결책에 따른 구체적이 혜택 설명	
행동 요청	

(4) 실천 스킬

① 공표하기

실행력을 높이기 위한 방법으로 공표하기가 있다. 실행해야 할 것을 '나' 혼자 계획을 세우고 실행을 하다보면 게을러지거나 상황이 조금 어려워지면 실행을 중단하는 경우가 생긴다. 그래서 다른 사람들에게 내가 무엇을 실행하겠다고 하는 것에 대해 공표하기를 하면 나만이 아닌 다른 사람과도 약속을 하는 것이 되므로 더 책임감 있게 실행을 하게 된다. 실행력을 더 높이기 위한 공표방법으로는 다음과 같은 것들이 있다.

첫째, 나에게 공표한다.

스스로 실행할 내용을 작성하고 잘 보이는 곳에 붙여놓고 큰 소리로 낭독하는 것도 좋다. 또한 매일 볼 때마다 실천의 의지를 다지는 것도 필요하다.

둘째, 나의 실행을 동기부여해 줄 주변의 가족이나 지인에게 공표한다.

주변 사람들에게 공표를 해 놓으면 "잘 하고 있어." "왜 안 해." 등 점검도 받을 수 있다. 또한 안하고 있으면 상대방이 내게 자극도 주고, 잘하고 있으면 격려도 해 준다. 이러한 주변의 관심과 격려는 실행하고자 하는 의욕을 높인다.

셋째, SNS에 공표한다.

불특정 다수에게 공표함으로써 더 많은 사람들에게 알려 실행할 수밖에 없는 상황을 만든다.

② 시각화하기

실행해야 할 것을 시각화하여 실행력을 높인다. 시각화는 '미래를 시각적으로 상상하여 마치 눈앞에서 벌어지는 것처럼 상상하는 것'이다. 미래를 시각화하는 것만으로도 우리가 현실에서 무언가를 볼 때 사용하는 '뇌의 시각영역'을 동일하게 사용한다고 한다. 대니얼 길버트 Daniel Gilbert는《행복에 걸려 비틀거리다》에서 사물을 상상할 때는 머릿속에 있는 그 사물의 이미지를 '실제로 보는' 경험을 한다고 했다. 시각피질이라 불리는 뇌의 영역은 마음의 눈으로 어떤 것의 모습을 탐색할 때도 눈으로 그 사물을 실제로 볼 때와 마찬가지로 활성화한다고 한다.

시각화는 미래에 하고자 하는 목표나 비전을 달성하는 데에도 긍정적인 효과가 있고, 부정적인 상황이 일어났을 때 대처하는 모습도 시각화하면 대처를 잘할 수 있는 효과도 있다.

③ 마감효과 활용하기

마감효과란 시간이 급박하고 다급한 상황에서 고도의 집중력을 발휘하여 순간적으로 최대의 능률을 얻는 효과를 말한다. 과제, 시험, 프로젝트 등 어떠한 '일'을 할 때 마감시간을 정한다. 마감시간에 이를 수록 일의 능률이 기하급수적으로 상승한다. 마감효과가 발휘되면 민첩성 증가, 집중력 증가, 잡생각 무효과 현상이 일어난다.

창의적 활동을 하는 작가들에게 있어서도 마감효과가 적용되면 엄청난 소재와 아이디어가 샘물과 같이 솟아나는 효과가 있다. 그 덕분에 일주일 내내 처리를 하던 어려운 작업을 단 한두 시간 만에 끝낼 수 있을 정도로 작업 효율이 엄청나게 상승하기 때문에 지금도 수많은 학생, 작가, 사회인들이 마감효과를 유용하게 활용한다.

마감효과 때에는 아드레날린이 분비되어 위기에 잘 대처하도록 신체를 긴장상태로 만들어 과제나 문제해결에 있어 최적의 정신 상태를 유지하게 한다. 아드레날린은 극적인 상황을 극복해낼 수 있도록 돕는 호르몬이다. 아드레날린은 신장 위쪽 부신 수질에서 분비되는데, 극적인 상황이나 흥분되는 상황에서 저장된 에너지를 방출하고 뇌, 근육으로 가는 혈류량을 늘려서 상황을 적극적으로 극복할 수 있도록 도와준다.

(5) 피드백 스킬

① 인정하기
인정하기의 필요성

매슬로우의 인간 욕구 5단계 이론을 살펴보면 인간의 욕구에는 치열한 경쟁 속에서 살아남으려는 생존욕구부터 시작해 자아실현 욕구에 이른다. 마지막 5단계인 자아실현 욕구는 자기 발전을 이루고 자신의 잠재력을 끌어내어 극대화할 수 있는 단계라고 했다. 자아실현을 하기 위해서는 지속적인 동기가 있어야 한다. 그래야 성장하고 자신의 잠재력을 발굴, 개발, 발현할 수 있다. 지속적인 동기를 끌어올리기 위해서 '인정'을 하는 것이 필요하다.

인정은 확실히 그렇다고 여기는 것이다. 인정에는 존재에 대한 인정, 능력에 대한 인정, 수고에 대한 인정이 있다. 홍익 하브루타를 진행할 때, 피드백으로 제일 먼저 해야 하는 것은 홍익 하브루타를 하고 있다는 것을 인정하는 것이다. 인정하기는 하고자 하는 욕구를 불러일으킨다.

사람은 누구나 인정받고 싶어 하고 인정받기 위해 노력한다. 태어나서 자식으로서 인정받고 싶어 하고, 이성에게 연인으로 인정받고 싶어 한다. 부부가 서로 평생 반려자로 인정받고 싶어 하고, 사회에서 성공한 사람으로 인정받고 싶어 하며, 죽어서도 존경받는 사람으로 인정받고 싶어 한다.

인정하기의 효과는 첫째, 의욕적이 된다. 둘째, 얼굴이 밝아진다. 셋째, 자신감이 생긴다. 넷째, 인정받기 위한 불필요한 언행이 줄어든다. 다섯째, 상대방의 의견에 수용적이 되며 여유가 생긴다. 여섯째, 상처받은 자존감이 회복된다.

존재에 대한 인정	○○씨, 친구들과 주제에 대해 홍익 하브루타를 해 주셔서 감사합니다.
	○○씨, 주제에 대해 홍익 하브루타를 할 짝꿍이 되어 주셔서 감사합니다.
능력에 대한 인정	○○씨, 발표한 내용이 참신하고 좋습니다.
	○○씨, 수줍음이 많은 짝이 적극적으로 의견을 낼 수 있게 도와주어서 고맙습니다.
수고에 대한 인정	○○씨, 홍익 하브루타를 한 결과물을 모아 주셔서 감사합니다.
	○○씨, 몸이 아픈데도 끝까지 참여해 주셔서 고맙습니다.

② 홍익 하브루타 활동 시 1:1 피드백하기

홍익 하브루타를 할 때 학습자가 질문, 대답, 발표 등 말할 기회가 있을 때마다 1:1 맞춤형 피드백을 진행하는 것이 효과적이다. 긍정적인 피드백이나 수정과 개선이 필요한 피드백을 한다. 피드백의 순서는 긍정적인 피드백을 먼저하고, 수정이 필요한 피드백을 나중에 하는 것이 좋다. 학습자가 먼저 긍정적인 얘기를 듣고 마음의 문을 열고 있을 때, 보다 발전적인 것을 제시하는 내용을 피드백하면 더 잘 받아들인다.

[사례] 질문 & 대답 & 발표

질문할 때	– 질문하는 것 자체의 용기를 격려해 준다. – 창의적인 질문을 할 경우에는 감탄하며 칭찬해 준다.

대답할 때	– 대답하는 것에 대해 격려해 준다. – 참신하고 창의적인 대답에 대해서는 내용을 다시 말하며 칭찬해 준다.
발표할 때	– 발표 내용에 대해 도움이 될 수 있는 내용을 보완해 준다. – 재미, 창의, 전달 등 효과적인 발표 요소에 따라 피드백을 한다. – 소감은 느낀 것, 배운 것, 적용할 것 등을 세세하게 피드백 한다.

③ 상황에 따라 피드백하기

홍익 하브루타는 나의 생각을 말하고 상대방의 생각을 들으며 사고의 확장이 계속해서 일어나는 활동이다. 또한 나와 상대방과 계속해서 의견을 주고받는 과정에서 사람에 대한 이해, 관계에 대한 성장도 함께 할 수 있다. 홍익 하브루타를 하면서 일반적으로 나올 수 있는 상황에 대해 적절한 피드백을 할 수 있다.

긍정적인 피드백일 경우 화법은 "○○○님께서 말씀하신 ○○○ 부분은 매우 훌륭한 생각이에요. 그 이유는~"이라고 설명한다. 수정이 필요한 피드백일 경우 화법은 "○○○님께서 말씀하신 ○○○부분을 조금 더 잘 표현하기 위해서는 ○○○하면 좋습니다."라고 설명한다. 피드백을 할 때, 공통적인 화법은 시작하는 말에서 긍정적인 것인지 수정이 필요한 것인지 표현하는 것이 좋다. 학습자가 피드백을 받아들일 마음의 준비를 하기 때문에 피드백의 효과가 더 크다.

[사례] 학습자 반응 & 피드백 사례

학습자 반응	피드백 사례
• 다양한 시각을 갖게 됨 • 미처 생각하지 못했던 것을 알게 됨 • 대화를 하다 보니 아이디어가 떠오름 • 열린 사고를 하게 됨	**피드백 키워드: 생각확장** 홍익 하브루타는 '나의 의견 + 상대방 의견 = ∝'라는 말이 있다. 두 사람이 의견을 주고받는 과정에서 생각의 확장이 일어나고 새로운 아이디어도 생긴다. 다각도에서 생각하면서 생각의 폭이 넓어진다.
• 지식이 부족함을 느낌 • 머리가 아픔 • 답답하고 어려웠음 • 생각한 것이 말로 표현이 잘 안됨	**피드백 키워드: 부족함** 홍익 하브루타를 하다보면 논리가 빈약하여 주장을 할 때 근거를 말하기 어렵다는 것을 느낀다. 또한 머릿속에는 생각이 있는데 표현이 제대로 되지 않는 경우 등이 있어 답답하고 어렵게 느끼기도 한다. 이러한 부족함은 알고 싶어지고 표현을 잘 하고 싶은 도전 의욕을 높인다.
• 상대방의 새로운 면을 알게 됨 • 모르는 사람과도 대화가 잘됨 • 대화가 되는 친구가 생김	**피드백 키워드: 대인관계** 홍익 하브루타는 알고 있는 사람에 대해 재발견을 하는 기회가 된다. 또한 몰랐던 사람과도 주제에 대해 자연스럽게 자신의 의견을 나눌 수 있게 된다. 홍익 하브루타를 자주 하면 대인관계의 폭도 넓어진다.

④ 스스로 피드백하기

피드백은 학습자의 학습 행동에 대하여 적절하게 반응을 보여 보다 발전적인 모습으로 나아가게 하는 방법이다. 피드백은 교수자나 진행자가 해 주는 타인에 의한 피드백도 있지만, 스스로가 자신의 학습 행동에 대해 생각하고 깨닫고 발전적인 방향을 찾아보는 자가피드백이 있다. 자가피드백의 장점은 스스로가 느끼고 깨달아 나은 방법을 찾는 과정으로 스스로에게 긍정적인 효과를 나타낼 수 있다.

자가 피드백을 하는 방법으로는, 첫째는 같은 주제를 가지고 다른 사람들은 어떻게 생각하고 발표하는지 자주 듣는 것이다. 같은 주제로 생각하고, 하브루타 하고, 정리하고, 발표한 내용이기 때문에 다른 사람이 발표를 할 경우, 자신과 다른 생각, 하브루타 한 내용, 정리 방법, 발표 방식에 대해 비교를 하며 스스로 느끼고 배우게 된다.

둘째는 다른 사람이 발표를 할 때, 잘한 점과 수정 보완할 점을 생각하며 상대방에게 피드백을 해 보는 것이다. 다른 사람을 피드백하는 과정에서 나의 학습활동을 들여다보게 되고 어떻게 해야겠다는 생각까지 나아갈 수 있다.

(6) 연구 스킬

① 호기심을 해결하는 즉시 연구

홍익 하브루타 진행 프로세스에서 '생각 심화'를 하는 '연구하기'는 마지막 단계이다. 질문하기, 하브루타 하기, 글 작성과 발표하기, 피드백을 하는 과정에서 학습자가 호기심이 생겨 궁금한 것을 찾아 연구하기 활동을 한다. 연구하기의 시작은 수동적인 것이 아닌 스스로가 궁금해진 것으로 자발적인 활동이다. 학습자는 연구하기 단계에 오면 호기심이 있는 상태이므로 즉시 연구를 통해 알아내는 과정을 배우고, 또 알아냄으로써 성취감을 느낄 수 있다.

즉시 연구를 할 수 있는 방법으로는 첫째, 스마트 기기를 활용하여 키워드를 검색하여 알아보는 방법이 있다. 둘째로는 전문가에게 물어 알아보는 방법이다.

[사례] '건강한 다이어트' 방법을 알고 싶어요

스마트 기기를 활용한 즉시 연구	'1주일에 1kg씩 빼는 건강한 다이어트' 클릭 – 1단계: 달성 가능한 체중감량 목표를 설정한다. – 2단계: 나의 하루 필요 열량을 계산한다. – 3단계: 체중을 주기적으로 측정한다. – 4단계: 체중 감량을 스스로 칭찬한다.
전문가를 통한 즉시 연구	'다이어트 성공한 친구'에게 물어보기 꼭 지켜야 할 것 2가지 – 6시 이후에 먹지 않기 – 패스트푸드 먹지 않기

② 인류사를 바꾸는 심화 연구

생각에 꼬리에 꼬리를 무는 질문과 답변을 통해 깊이 있게 연구하여 무언가를 발견 또는 새로운 것을 발명하는 심화 연구가 있다. 심화 연구로 인류사를 바꾼 사람들이 있다. 인류사를 바꾼 사람들의 특징으로는 다음과 같은 것들이 있다. 호기심을 갖고 '질문하고 → 탐구하고 → 알아내고'를 인내와 끈기를 가지고 지속적으로 연구를 하여 결과물을 만들어낸다. 이처럼 지속적으로 깊이 있게 연구하는 것은 개인에게는 성장을, 인류에게는 발전을 만들어낸다.

[사례1] 노화의 비밀 '텔로미어 & 텔로미어 머라아제' 발견

(2009년 텔로미어 & 텔로미어 머라아제 발견으로 노벨생리의학상 수상, 엘리자베스 H. 블랙번(미국·호주), 캐럴 W. 그라이더(미국), 잭 W. 쇼스택(미국))

```
                    ┌─────────────┐
                    │   노화 방지   │
                    └─────────────┘
                          │  사람은 노화되지 않고 살 수는 없을까?
  ┌────┐ ┌────┐ ┌──────┐ ┌─────────────┐ ┌────┐
  │음식│ │운동│ │화장품│ │   신체 비밀   │ │    │
  └────┘ └────┘ └──────┘ └─────────────┘ └────┘
                          │  신체에 노화를 담당하는 것은 무엇일까?
  ┌────┐ ┌────┐          ┌─────────────┐ ┌────┐ ┌────┐
  │    │ │    │          │ 텔로미어 발견 │ │    │ │    │
  └────┘ └────┘          └─────────────┘ └────┘ └────┘
                          │  노화 나이를 결정짓는 헬로미어를 길게 할 수 없을까?
  ┌────┐ ┌────┐ ┌────┐   ┌─────────────┐ ┌────┐
  │    │ │    │ │    │   │   텔로미어    │ │    │
  └────┘ └────┘ └────┘   │  머라아제 발견 │ └────┘
                         └─────────────┘
```

[사례2] 코딱지 항생물질 '루그더닌' 발견

```
                ┌─────────────┐   코딱지 먹지마!
                │ 코딱지 먹는 아이 │   코딱지 왜 먹으면 안돼요?
                └─────────────┘
                      │  정말 코딱지는 먹으면 몸에 해로울까?
                      │  자연이 우리에게 주는 이점을 포기하는 것은 없을까?
  ┌────┐              ┌──────────────────┐  ┌────┐
  │    │              │ 코딱지 이로움 검증 실험 │  │    │
  └────┘              └──────────────────┘  └────┘
                      │  2013년 캐나다 연구팀(서스캐처원 생화학 교수)
                      │  코딱지 먹음 VS 먹지 않음. 결과는 어떻게 되었을까?
  ┌────┐              ┌────────────────────┐
  │    │              │ 코딱지 먹은 아이 면역력 강함 │
  └────┘              └────────────────────┘
                      │  면역력이 왜 강해진 것일까?
                      │  억제는 그들의 생활방식을 알아야 하지 않을까?
  ┌────┐              ┌──────────────────────┐  ┌────┐
  │    │              │ 코딱지 항생물질 '루그더닌' 발견 │  │    │
  └────┘              └──────────────────────┘  └────┘
```

2016년 독일 튀빙겐 대학 연구팀 발견
콧속에 90억 세균이 살고 있음. 특정 세균 살균효과 있는 물질 '루그더닌' 발견
황색포도당구균, 바실러스균 대상 검증, 세균 효과적으로 없앰

6 장

글로벌 교육코드 홍익 하브루타 모티베이터의 철학과 역할

홍익 하브루타 모티베이터 철학
홍익 하브루타 모티베이터 역할
홍익 하브루타 모티베이터 비전

(1) 홍익 하브루타 모티베이터 철학

첫째, 인간은 누구나 무한한 가능성과 잠재 능력을 가지고 있다.

인간의 무한한 가능성과 잠재 능력이 있다는 것을 증명한 대표적인 사람은 음악교육가 스즈키 신이찌의 '스즈끼 재능교육 메소드'에서다. 스즈키의 재능교육의 철학은 인간은 태어날 때부터 모국어를 잘하는 갓난아기는 없지만 성장하면서 능숙한 모국어를 구사하게 되는 것 같이 '인간은 무한한 가능성과 잠재 능력을 가지고 있는데 좋은 환경을 만들어 주면 누구든지 그 가능성과 잠재 능력을 발휘할 수 있다.'는 것이다. 홍익 하브루타 철학은 인간의 무한한 가능성과 잠재 능력을 발휘할 수 있도록 도와주는 활동이다.

둘째, 내 안에 모든 해답이 있다.

알렉산더 그레이엄 벨Alexander Graham Bell의 '답은 내 안에 있다.'는 명언이 있다. 벨은 영국 태생의 미국 과학자이자 발명가이며 자석식 전화기 특허를 받은 사람으로, 발명을 하기 위해 실행과 실패를 거듭하면서 만들어낸 명언이다. 자신이 가지고 있는 문제에 대해 자신이 원하는 답은 본인 스스로가 가지고 있다는 것을 의미한다. 홍익 하브루타는 스스로의 문제를 스스로 해답을 찾아갈 수 있도록 환경을 마련해 준다.

셋째, 함께하는 사람이 있어야 한다.

유대인의 율법학자들이 "칼이 다른 물체와 맞대어야만 날카롭게 갈릴 수 있듯이, 현자의 두뇌도 오직 상대방과 하브루타를 함께 할 때 발견할 수 있다."라고 말을 한다. 홍익 하브루타는 혼자가 아닌 둘이 짝을 이루어서 경청하고 적절한 질문을 통해 다양한 시각을 열어주고, 스스로 탐색하고 서로 협력하며 문제를 창의적으로 해결할 수 있도록 해 주는 활동이다. 홍익 하브루타를 계속 하다 보면 다음과 같은 사실들을 알 수 있다.

- 인간의 잠재력은 무한하다.
- 배움은 인간의 본질이다.
- 짝과 함께 협력한다.

모든 인간은 무한한 가능성이 있으며, 문제에 대한 해답은 스스로의 내부에 있다는 것과 해답을 찾기 위해 짝 또는 파트너와 함께 협력한다는 것 등 세 가지 모두 교집합적인 공통점이 있다. 홍익 하브루타는 짝과 함께 협력학습을 하는 과정에서 학습자 스스로가 문제를 인식하고, 원인을 찾고, 해답을 찾는다.

(2) 홍익 하브루타 모티베이터 역할

① 동기부여자(Motivator)

동기부여자는 관심과 흥미가 없거나 하고자 하는 의욕이 떨어져 있는 경우 '하고 싶은 욕구'를 불러일으켜 주는 사람이다. 우리가 살아가는 세상은 급변하고 새로운 상황과 문제에 부딪히게 된다. 이러한 시대에는 알아내는 힘을 길러야 한다. 무언가를 알아내기 위해서는 호기심이 있어야 하고 호기심은 질문을, 질문은 해답을 찾고자 하는 탐구활동을 하게 하여 크고 작은 결과물을 얻게 되는 결과를 가져온다. 이렇게 무언가에 관심과 흥미를 가질 수 있게 홍익 하브루타 활동을 하며 동기부여를 해줄 수 있다.

② 전문가(Specialist)

전문가는 홍익 하브루타에 대한 지식과 경험 그리고 태도를 갖춘 사람이다. 학습자들 간 서로 상호작용을 하는 과정에서 지식이 부족하여 진행이 원활하지 않거나 진행하는 방법에 대한 어려움이 있을 때, 이를 해결해 준다.

③ 촉진자(Facilitator)

촉진자는 학습자들이 적극적으로 참여할 수 있는 환경을 마련해 주고, 갈등상황이나 소통의 문제로 홍익 하브루타가 진행되지 않을 때, 중간에서 지혜롭게 갈등상황과 소통의 문제를 조정해 준다.

④ 상담자(Counselor)

상담자는 학습자 중에 심리적인 어려움이 있어 참여가 어려울 경우, 상담을 통해 돕는 사람이다. 문제를 안고 있는 학습자와 대화를 통해 바람직한 방향을 제시해 주어, 원활하게 하브루타 활동에 학습자가 참여할 수 있도록 도움을 주는 상담자 역할을 해야 한다.

⑤ 멘토(Mentor)

멘토는 홍익 하브루타 기술을 개인별로 가르쳐 주는 사람이다. 홍익 하브루타를 진행할 때, 때에 따라서 학습자와 상호작용을 해 주어야 할 때가 있다. 학습자가 함께 하고 있는 학습자들보다 실력이 월등히 뛰어나거나, 심각하게 뒤떨어지는 경우에는 진행자가 짝이 되어 활동을 함께 하기도 한다. 이때, 진행자의 역할은 짝이면서 조언과 도움을 주는 멘토 역할을 수행한다. 뛰어난 학습자에게는 멘토가 깊은 깨달음을 줄 수 있고, 부족한 학습자에게는 홍익 하브루타의 기본적인 진행방법에서 소통하는 스킬을 자연스럽게 1:1 활동을 하며 배울 수 있게 해 준다. 그리고 학습자 간에 짝을 선정해 줄 때에는 멘토가 될 수 있는 학습자를 도움이 필요한 학습자에게 선정해 주기도 한다.

(3) 홍익 하브루타 모티베이터 비전

사람과 사람간의 관계에서 가장 중요한 것은 시작도 끝도 모두 소통이다. 가족 간에 소통이 잘 되면 그 가정은 화목하고 행복할 것이다. 학교에서 선생님과 학생이 소통이 잘 되면 학생은 즐거운 배움이 될 것이고, 선생님은 미래의 인재를 육성하는 보람이 있을 것이다. 또한 학생과 학생 간에 소통이 잘 되면 학교폭력도 없어지고 마음과 몸이 건강하게 성장할 것이다. 군대에서도 장교와 장병 그리고 선임과 후임 간에 소통이 잘 되면 현재 일어나고 있는 제반 문제의 발생도 줄어들 것이고, 보다 건강하고 발전된 병영문화가 만들어질 것이다. 기업에서 상사와 부하, 팀원과 팀원, 부서 간에 소통이 원활하면 일의 협력도 잘될 것이고, 새롭고 혁신적인 아이디어로 기업은 성장하게 될 것이다.

사람과 사람 간의 원활한 소통은 가정을 행복하게 하고, 학교를 즐거운 배움이 넘치게 하고, 군대는 소통으로 건강한 조직이 되고, 기업은 혁신으로 성장하는 밑바탕이 된다. 사람과 사람 간에 원활한 소통이 이루어질 수 있도록 역할을 하는 홍익 하브루타 모티베이터 비전은 가족 행복 전문가, 학교 교수 전문가, 군대 소통 전문가, 기업 혁신 전문가로서 다양한 곳에서 활동할 수 있는 기회가 있다.

7장

글로벌 교육코드 홍익 하브루타 실제 적용
(1) 대상별

학생 '스스로 깨닫는 배움 청소년 진로'
교사 '학생 참여형 교수법'
부모와 자녀 '소통하는 가족'
경력단절여성 '나의 히든챔피언 찾기'
군인 '미래 비전 설계'
기업인·기관인 '역지사지 커뮤니케이션'

(1) 학생 '스스로 깨닫는 배움 청소년 진로'

제4차 산업혁명시대에 필요한 인간의 역량은 무엇인가?

'10년 후 대한민국, 미래 일자리의 길을 찾다(2017)' 자료에 따르면 제 4차 산업혁명시대에 필요한 인간의 역량을 3가지로 정의했다. 첫째, 창의성을 바탕으로 복잡한 문제를 인식하고 해결할 수 있는 획일적이지 않은 인간 고유의 문제 인식 역량, 둘째, 인간과 기계의 공생의 가치를 조합하는 인간 고유의 대안 도출 역량, 셋째, 기계와 협력하고 소통할 수 있는 협력적 소통 역량이다.

'미래에는 인간이 해오던 인지 영역들이 기계로 대체되기 때문에 정보를 활용해 대안을 도출하는 인지 과정에서 기계와 차별화되면서도, 기계를 활용해 보다 많은 가치를 창출할 수 있는 역량을 갖춘 인재가 미래 인재'라고 정의하고 있다.

〈표: 미래 사회 인간의 필요역량(2017, 미래창조과학부, KISTEP, KAIST)〉

필요역량	세부역량
인간 고유의 문제 인식 역량	• 유연하고 감성적인 인지력 • 비판적 상황 해석력 • 능동적 자료 탐색 및 학습 능력
인간 고유의 대안 도출 역량	• 구조화·설계된 휴먼 모니터링 능력 • 유인형 협력 능력 • 협력적 의사결정력 • 휴먼 클라우드 활용 능력 • 시스템적 사고

기계와의 협력적 소통 역량	• 디지털 문해력 • 정교한 첨단기술 조작 역량 • 휴먼-컴퓨터 조합력

　이 보고서에서 제시하는 제4차 산업혁명시대의 미래 인재상은 OECD가 1997년부터 제시한 생애핵심역량과도 일맥상통한다. DeSeCo(Definition and Selection of Competencies) 프로젝트에서 제시하는 미래 사회에 갖춰야 할 3대 핵심역량은 첫째 도구의 상호작용적 활용, 둘째 이질적인 그룹과의 사회적 상호작용, 셋째, 자율적 행동 등이다. 단순한 지식과 기술이 아니라 변화하는 세상에 '소통'과 '융합'을 통해 새로운 가치를 창출할 수 있는 기본적인 소양과 다른 사람을 함께 배려하는 공동체 구성원으로서의 가치를 강조하고 있다.

〈표: 생애핵심역량(OECD, 1997)〉

3대 역량	필요한 이유	세부역량
도구의 상호작용적 활용능력	• 신기술에 대한 적응 • 목적에 맞는 기술의 활용 • 세상과의 능동적인 대화	• 다양한 소통도구 활용능력 • 지식과 정보 활용능력 • 새로운 기술 활용능력
이질적인 그룹과의 사회적 상호작용	• 다원화사회 다양성의 　중요성 • 공감능력의 중요성 • 사회자본의 중요성	• 협동능력 • 인간관계능력 • 갈등관리 및 문제해결력

자율적 행동	• 자신의 정체성과 목표의 실현 • 권리행사와 책임수행 • 둘러싼 환경과 기능의 이해	• 빅픽처 속에서의 행동능력 • 인생계획, 프로젝트 구상, 실행능력 • 권리, 관심사, 한계, 필요성을 주장, 옹호하는 능력

청소년들에게 홍익 하브루타 방식의 진로교육의 중요성

청소년기는 세상을 보는 틀을 형성하고 올바른 가치관을 정립하고 발달시켜야 하는 결정적 시기이므로 청소년 시기에 자신과 다른 것에 대한 수용과 열린 사고를 갖도록 하는 교육이 필요하다. 현재 우리의 교육은 가르치는 것을 듣는 수용적인 교육으로 청소년들의 내면에 있는 것을 끌어내기도 힘들고 타인과의 협력관계를 만들어 가기도 어려운 것이 현재 우리 교육의 현실이다. 이에 수동적 지식 학습자세에서 탈피하여 스스로 생각하고 지식을 구성하며 재조직하며 활용할 수 있는 능동적 학습인 홍익 하브루타를 통해 동기가 없는 청소년에게 동기를 갖게 하는 데 도움을 줄 수 있다. 또한 스스로 동기를 가지고 흥미와 관심이 있는 진로탐색 활동을·통해 자신의 미래를 준비할 수 있다. 그러므로 청소년들에게 미래 준비를 위해 적극적이고 능동적인 홍익 하브루타 방식의 진로교육이 절대적으로 필요하다.

청소년 진로 홍익 하브루타 프로그램 적용 사례

■ **교육목표: 나의 강점을 알고 미래에 하고 싶은 일을 탐색할 수 있다.**

■ **교육대상: 청소년**

■ **교육방법: 강의 + 홍익 하브루타 실습 + 연구**

■ **교육시간: 24시간(3시간씩 8회)**

■ **교육특징**

학생들의 능동적·자발적 학습참여를 촉진한다

상대방(짝)을 설득하거나, 상대방 논리를 반박하기 위해 노력하는 과정에서 능동적·자발적 학습효과가 나타난다.

창의력과 문제해결 능력이 향상된다

상대를 설득하거나 반박하기 위한 논리를 개발하는 과정에서 '내 안에' 잠재되어 있는 창의력과 문제해결 능력이 배양되고, 생각의 범위와 깊이가 커지고, 새롭고 다르게 생각하는 능력이 개발된다.

타인과의 소통·공감능력을 배양한다

상대방을 설득하기 위해 노력하는 과정에서, 상대방에 대한 배려심과 공감을 바탕으로 표현능력이 향상된다.

■ **교육 내용**

회차	제목	내용
1		• 나의 장점 찾아 칭찬하기
2	자기 이해	• 내가 꾸준히 노력해야 하는 것 찾기
3		• 미래에 하고 싶은 일에 대해 알아보기
4		• 세상의 변화 인식하기
5	타인 이해	• 함께 살아가는 사회 중요성 알기
6		• 꿈을 이루기 위한 어려움 극복방법 배우기

7	비전 설계	• 다른 사람을 존중하는 리더 모습 배우기
8		• 나의 비전설계도 그리기

■ 타인 이해 실시 사례
홍익 하브루타의 단계별 진행 내용

프로세스		활동	내용
1단계	생각열기	질문하기	'열린 사고'에 대해 질문하기
2단계	생각발전	하브루타 하기	때리지는 않았지만 함께 있었던 피고인은 유죄다.(찬성 VS 반대)
3단계	생각표현	글·그림, 발표하기	하브루타 한 의견을 정리하여 작성하기
4단계	생각적용	실천하기	'친구를 존중하기 위한 행동'을 작성하고 공유하기
5단계	생각정리	피드백하기	학교 폭력의 종류 알아보기
6단계	생각심화	연구하기	'친구'와 관련된 사자성어 연구하기

단계별 진행 사례

▶ 1단계: 생각 열기 – 질문

'친구(그림)'에 대해 질문해 보세요.

함께 친구에게 말을 걸지 않는 것도 폭력인가요?

친구와 싸우고 화해를 하지 않는 것도 폭력인가요?

학교 안에서만 하는 것이 학교폭력인가요?

폭력의 기준은 어디까지인가요?

실수로 때려 다친 것도 폭력인가요?

나는 친구에게 폭력을 한 적이 있을까?

▶ 2단계: 생각 발전 – 하브루타 하기

여러 명의 학생이 한 학생을 미술실로 불러 집단으로 괴롭혔다. 피고인 (학생)은 다른 학생과 함께 피해자를 때리지는 않았지만 함께 있었기에 고소를 당했다. 때리지는 않았지만 함께 있었던 피고인은 유죄다.

〈주제〉 때리지는 않았지만 함께 있었던 학생은 유죄다.(찬성 vs 반대)

▶ 3단계: 생각 표현 – 글 작성하기 & 발표하기

주제		때리지는 않았지만 함께 있었던 학생 유죄이다. (찬성 VS 반대)
하브루타 **(성명)**		홍길동(함께한 하브루타: 홍길순)
정리	**찬성** **(유죄)**	– 그 현장에 있었던 것만으로도 공범자이다. – 범죄를 묵인하는 것도 이미 유죄이다. – 선생님이나 친구들에게 폭력이 행해짐을 알릴 수 있었는데 알리지 않았다.
정리	**반대** **(무죄)**	– 힘이 없어서 말릴 수도, 알릴 수도 없었다. – 가해자의 억압에 의해 폭력 현장에 간 것일 수도 있기 때문에 무죄다. – 행위에 가담하지 않았는데 죄를 묻는 것은 가혹하다.
Creative **Solution** **(창의적** **해결)**		범죄를 묵인하는 것은 유죄이다. 그러나 학생이 폭행할 의도가 없었고, 그 아이도 자신의 목소리를 낼 힘이 없어 피해자일 수도 있으므로, 재교육과 올바른 가치관 확립을 위해 도움을 주어야 한다.
소감		피해자와 가해자 모두의 입장을 생각할 수 있는 시간을 가질 수 있었다. 재판에 있어 여러 가지 상황을 제대로 알아보고 판정을 내려야 함을 절감했다. 학생에게 지금 내려지는 선고는 평생을 따라 다닐 것이기 때문이다.

▶ 4단계: 생각 적용 - 실천하기

'친구'를 존중하기 위한 행동을 말해 보세요.

길동아, 친구 장난으로 때리지 말자.

길동아, 친구에게 하루에 한 가지씩 좋은 점을 칭찬해 주자.

길동아, 내가 싫은 것은 친구에게도 행동하지 말자.

길동아, 친구 물건을 소중히 여기자.

길동아, 친구에게 심하게 장난치지 말자.

▶ 5단계: 생각 정리 - 피드백하기

학교폭력에 대해 알아봅시다.

⟨신체폭력⟩
- 신체를 손, 발로 때리는 등 고통을 주는 행위(상해죄, 폭력죄)
- 강제로 일정한 장소에 데리고 가는 행위(약취죄)
- 일정한 장소에서 쉽게 나오지 못하는 행위(감금죄)
- 상대방을 속이거나 유혹해서 일정한 장소로 데리고 가는 행위(유인죄)

⟨언어폭력⟩
- 여러 사람 앞에서 상대방의 명예를 훼손하는 구체적인 말(성격, 능력 등)을 하거나 그런 내용의 글을 인터넷, SNS 등으로 퍼뜨리는 행위(명예훼손죄) → 내용이 진실이어도 범죄이고, 허위인 경우 가중 처벌
- 여러 사람 앞에서 모욕적인 용어(외모 놀림, 병신·바보 등 비하하는 내용)를 지속적으로 말하거나 그런 내용의 글을 인터넷, SNS 등으로 퍼뜨리는 행위(모욕죄)

〈금품갈취〉

－ 일부러 망가뜨리기, 억지로 빌리기, 학내외에서 물건이나 돈뺏기

〈강요〉

－ 강제적인 심부름, 빵셔틀, 와이파이셔틀

〈따돌림〉

－ 싫어하는 말로 바보 취급하기, 다른 학생들과 어울리지 못하도록 막기, 말을 따라하며 놀리기

〈사이버 및 매체 폭력〉

－ 특정인에 대한 모욕적인 말이나 욕설 등을 인터넷 게시판, 채팅, 문자, 카페 등에 올리는 행위(모욕죄)

－ 특정인에 대한 허위 내용의 글이나 사생활에 관한 사실을 인터넷, SNS 등으로 불특정 다수에 공개하는 행위(명예훼손죄)

－ 위협·수치심을 주는 글, 그림, 동영상 등을 정보통신망을 통하여 유포 (정보통신망법 관련 범죄 등)

－ 공포심이나 불안감을 유발하는 문자, 음향, 영상 등을 휴대폰 등 정보통신망으로 반복적 전송(정보통신망법 관련 범죄 등)

▶ 6단계: 생각 심화 – 연구하기

'친구'와 관련된 사자성어를 찾아보세요.

－ 管鮑之交(관포지교): 옛날 중국의 관중과 포숙처럼 친구 사이가 다정하다는 뜻으로 매우 다정하고 허물없는 친구 사이를 이르는 말

－ 伯牙絕絃(백아절현): 백아가 거문고 줄을 끊어 버렸다는 뜻으로, 자기를 알아주는 절친한 벗의 죽음을 슬퍼함을 이르는 말

－ 金蘭之交(금란지교): 단단하기가 황금과 같고 아름답기가 난초 향기와 같은 사귐이라는 뜻으로, 우정이 깊은 사귐을 이르는 말

– 莫逆之友(막역지우): 마음이 맞아 서로 거스르는 일이 없는, 생사를 같이할 수 있는 친밀한 벗을 이르는 말
– 竹馬故友(죽마고우): 대나무 말을 타고 놀던 옛 친구라는 뜻으로, 어릴 때부터 가까이 지내며 자란 친구를 이르는 말

■ **교육소감**(교육에 참여한 학생들의 소감문을 기초로 정리한 내용)

① **배운 점**

- 생각의 깊이를 배우고 말하는 것이 공부에 도움이 된다는 것을 알게 되었다.
- 혼자 공부하는 것보다 다른 사람과 같이 의견을 나누면서 공부하는 것이 효과가 더 좋다는 것을 알게 되었다.
- 생각을 해서 친구들에게 말할 때마다 조금씩 조금씩 자신감이 생겼다.
- 다양한 생각을 배울 수 있었다.
- 세상을 살아가는 방법과 여러 지혜로움을 배웠다.
- 자신을 성찰하는 방법과 생각의 틀을 넓히는 방법도 배웠다.

② **느낀 점**

- 말하고, 듣고, 쓰고, 발표하고 다양한 활동이 즐거웠다.
- 홍익 하브루타를 하면서 자유학기제 선택 프로그램 중에 제일 의미 있고 도움이 되었다.
- 한 주제를 가지고 토론을 하였을 때, 내가 몰랐었던 의견들이 신선했다.
- 듣는 수업이 아니라 내가 직접 말하면서 참여하면서 수업을 하니

무척 재미있었다.
- 시간이 어떻게 가는 줄 모르게 유익한 시간이었다.

③ 실천할 점
- 말하면서 공부하고 생각을 넓고 깊게 하여 많은 것을 배우고 꿈을 이루기 위해 노력해야겠다.
- 혼자 하는 공부 말고 친구와 말하며 공부해야겠다.
- 나의 자신감을 높이기 위해 자주 홍익 하브루타 방식으로 말하면서 공부를 자주 해 보겠다.
- 다른 친구 여러 명과 발표하며 자신감을 길러야겠다.
- 다른 사람을 배려하고 다른 사람의 의견도 소중히 여기고 양보하는 것을 실천해야겠다.
- 어려운 일이 있으면 나 혼자 생각하지 말고 다른 사람과 함께 홍익 하브루타를 해 봐야겠다.

■ 청소년 진로 홍익 하브루타 교육 실시 후, 효과검증 연구 결과
(출처: 김진자, '하브루타 코칭 프로그램이 청소년의 자기결정성동기와 학습만족도에 미치는 영향', 2018)

청소년 진로 홍익 하브루타 프로그램을 활용하여 경기도 소재 중학교 1학년 54명을 대상으로 교육을 실시하고 청소년의 자기결정성동기, 학습만족에 설문조사를 통해 효과를 검증해 보았다. 그 결과는 다음과 같다.

첫째, 학습에 무동기한 학생에게 학습동기가 생겼다.

학습에 대해서 동기가 전혀 없는 무동기의 학생들을 포함해 동기가 있다 하더라고 적은 학생들의 학습동기가 향상되었다. 이러한 결과는 수동적인 학습방법이 아닌 두 사람이 짝을 이루어 질문과 토론을 통해 진행되는 홍익 하브루타 프로그램이 학생들에게 능동적인 학습환경을 스스로 이루는 긍정적인 효과를 미치는 것을 알 수 있다.

둘째, 학생들의 학습 몰입이 향상되었다.

홍익 하브루타 프로그램은 진행과정 중 두 사람이 서로 토론을 하느라 매우 시끄러운 환경이었음에도 불구하고 상대방의 말에 집중하여야 자신도 반대와 찬성을 말할 수 있고, 경청과 생각하는 과정 그리고 말하고 질문하는 과정 속에서 자연스럽게 자신도 모르게 학습과정에 몰입하였다.

셋째, 학생들의 학습만족도가 높아졌다.

기존의 교육방법이 선생님으로부터 일방적으로 수업을 들어야 하는 데서 오는 수동적 태도의 무력감에서 생각하고 질문하고, 경청하고, 그리고 말과 글로 표현하는 과정 속에서 학생 스스로 서로 주인공이 되어서 대부분의 수업시간이 진행이 되니, 학습 만족이 높아지는 효과를 거두었다.

넷째, 학생들의 자기효능감이 높아졌다.

홍익 하브루타 프로그램은 자신에게 중심이 되는 활동으로 진행되어 처음에는 적응되지 않아서 어렵다가도 진행이 될수록 스위칭, 생각을 글과 다양한 방식의 발표 등의 과정을 통해 자연스럽게 생각의 확장 경험과 새로운 경험들이 자연스럽게 자기효능감이 높아지는 결과를 낳게 되었다.

다섯째, 학생들의 학습성과가 높아졌다.

친구와 홍익 하브루타를 하는 과정 속에서 생각하고 말하고, 질문하고, 생각하고 발표하고, 그리고 피드백하고 반복적인 말하기를 통해서 학습내용이 자연스럽게 뇌와 입을 통해 입체적으로 각인이 되고 기억이 되었다.

(2) 교사 '학생 참여형 교수법'

　2022 개정 교육 과정은 교육부가 고시한 7차 교육과정을 개정한 교육 과정이다. 2022년에 총론이 고시되고, 2025년부터 단계적으로 시행할 계획이다. 2022 개정 교육과정의 특징은 '고교학점제'이다. 고교학점제는 학생이 기초 소양과 기본 학력을 바탕으로 진로, 적성에 따라 과목을 선택하고, 학점을 취득하여 졸업하는 제도이다.

2022 개정 교육 과정 추진 배경 및 필요성

　개정 교육 과정 추진 배경은 디지털 전환, 기후환경 변화 및 학령인구 감소 등에 대응하여 미래 사회에 필요한 역량을 함양하고 학습자 맞춤형 교육을 강화할 수 있도록 미래 교육이 필요하기 때문이다.

　개정 교육 과정의 필요성은 첫째, 예측할 수 없는 변화에 대응할 수 있는 교육 혁신이 필요하다. 둘째, 학령인구 감소 및 학습자 성향 변화에 따른 맞춤형 교육 기반이 필요하다. 셋째, 새로운 교육환경 변화에 적합한 역량 함양 교육이 필요하다. 넷째, 현장 수용성이 높은 교육 과정에 대한 요구가 증대하였다.

2022년 개정 교육 과정 방향

　미래사회의 불확실성에 대응할 수 있는 기본 역량 및 변화대응력을 키워주는 교육 체제를 구현한다. 또한 미래 사회 역량 함양이 가능한 교육과정 개발 및 학습자 주도성을 강화하는 모든 학생의 개별 성장 맞춤형 교육 과정을 구현하는 것이다.

2022년 개정 교육 과정 주요내용

추구하는 인간상과 교육목표

추구하는 인간상은 자기 주도성, 창의와 혁신, 포용과 시민성의 핵심가치를 중심으로 인간상을 재구조화한다. 교육목표는 인간상과 핵심역량을 연계하고 시민성, 개인과 사회의 지속가능성 및 생태 감수성 등을 교육목표에 반영하여 개선한다.

미래사회 및 환경변화에 대응하는 교육내용을 강화

여러 교과를 학습하는 데 기반이 되는 언어, 수리, 디지털 소양 등을 기초소양으로 강조하고 총론 및 교과 교육과정에 반영한다. 생태전환교육, 민주시민 교육 및 일과 노동에 포함된 의미와 가치 등을 교육목표에 반영한다.

분권화를 바탕으로 한 학교 교육과정 자율성 확대

초·중·고 공통적으로 모든 교과교육을 통한 디지털 기초소양 함양 기반을 마련하고 정보교육과정과 연계하여 AI 등 신기술 분야 기초·심화 학습을 내실화한다.

초등학교 실과 교과를 포함하여 학교 자율시간을 활용한 교육, 중학교 학교 자율시간 및 교과(군)별 시수 증감을 활용한 정보 교육을 실시하며, 고등학교에 정보 교과는 물론 다양한 선택과목을 신설하여 운영한다.

학교급 전환 시기의 진로 연계교육 강화

국가 교육과정, 지역 교육과정, 학교 교육과정 간 주체별 역할을 구분한다. 지역 연계 교육과정 개발·운영, 학교 자율시간 도입 및 교사의 교육과정 자율권을 확대한다. 지역 특성에 맞는 다양한 수업 혁신이 학교 현장에서 이루어질 수 있도록 단위학교 교육과정 편성·운영의 자율권을 확대하는 근거를 총론에 마련한다.

창의적 체험 활동 개선

학교급 간 교과 내용 연계와 진로 설계, 학습 방법 및 생활 적응 등을 지원하기 위한 진로연계학기를 신설한다. 상급학교 진학하기 전(초6, 중3, 고3) 2학기 중 일부 기간을 활용하여 진로연계학기를 운영한다.

안전교육 개선

자율자치 활동, 동아리 활동, 진로 활동 3개 영역으로 재구조화 한다. 봉사활동은 동아리 및 진로 활동으로 통합하여 운영한다.

범교과 학습 주제 개선

초1~2학년은 기존의 안전한 생활 성취기준, 내용 요소를 통합교과로 재구조화하여 교과와 연계한 생활 중심 안전교육을 강조한다. 안전한 생활을 바른 생활 16시간, 슬기로운 생활 32시간. 즐거운 생활 16시간으로 재구조화 한다. 초3학년 이후 과학, 체육, 실과, 보건 등 관련 교과(목)의 '안전' 대단원을 통해 전 학교급에 걸친 체계적인 안전교육을 실시한다.

2022 개정 교육 과정에 따른 홍익 하브루타 활용

'바른 인성을 갖춘 창의융합형 인재'를 육성하기 위한 학생 참여형 수업으로 '홍익 하브루타'를 교육현장에서 많이 활용하고 있다. 학생 참여형 수업은 교실에서의 학습이 나 자신과 내가 속한 공동체에서 어떤 의미를 가지는지를 연계하는 학습 경험을 제공하고, 이를 통해 창의융합형 인재에게 요구되는 바른 인성도 함양할 수 있다.

홍익 하브루타는 교과학습, 생활지도, 학교폭력 예방, 진로교육, 성교육 등 다양한 측면에서 활용할 수 있는 학생 참여형 교수방법이다.

교육현장에서 활용하고 있는 '홍익 하브루타' 적용 사례

① 지식 이해 학습

지식을 내 것으로 만드는 효과적인 방법이 '홍익 하브루타'이다. 학교 교과에서는 핵심 개념과 일반화된 지식을 배운다. 배운 지식을 나의 것으로 내재화시키는 과정을 홍익 하브루타를 통해서 하면 효과적이다.

핵심 개념이나 일반화된 지식을 알고 있어야 그 지식을 바탕으로 지식을 적용하고 활용할 지식의 확장이 일어나고, 나아가 새로운 각도에서 솔루션을 만들어내는 지식의 재창조를 할 수 있다. 그러므로 학교에서 배우는 핵심개념과 일반화된 지식을 나의 지식으로 만드는 과정은 매우 중요하다.

주제: 4차산업혁명 이해(사회이슈)
- **교육목표: 4차산업혁명이 무엇이고 특징을 알 수 있다.**
- **교육대상: 학생**
- **교육방법: 강의 + 홍익 하브루타 실습**
- **교육시간: 40분**

구분	운영내용	시간	형태
수업	• 4차산업혁명시대 의미와 특징 이해 – 4차산업혁명시대 의미와 특징 소개 – 4차산업혁명시대 동영상 시청	20분	강의
핵심내용 낭독	• 핵심요약 낭독 분량: PPT 1페이지(16 폰트)로 준비하기	2분	낭독
하브루타 하기	• 핵심내용으로 친구에게 설명한 내용을 정리·작성하기	3분	작성
	• 1:1로 친구에게 정리한 내용 발표하기 & 친구가 정리한 내용 발표 듣기	5분	발표
	• 1:1로 친구 5명에게 정리한 내용 발표하기 & 친구가 정리한 내용 발표 듣기	10분	
소감 나누기	• 이번 시간 하브루타로 지식을 이해한 소감 나누기	5분	발표

■ 진행사례

▶ 핵심요약 낭독하기

제4차 산업혁명[The Fourth Industrial Revolution, 第4次産業革命]

　인공 지능, 사물 인터넷, 빅데이터, 모바일 등 첨단 정보통신기술이 경제·사회 전반에 융합되어 혁신적인 변화가 나타나는 차세대 산업혁명이다.

　인공 지능(AI), 사물 인터넷(IoT), 클라우드 컴퓨팅, 빅데이터, 모바일 등 지능정보기술이 기존 산업과 서비스에 융합되거나 3D 프린팅, 로봇공학, 생명공학, 나노기술 등 여러 분야의 신기술과 결합되어 실세계 모든 제품·서비스를 네트워크로 연결하고 사물을 지능화한다.

제4차 산업혁명은 초연결(hyperconnectivity)과 초지능(superintelligence)을 특징으로 하기 때문에 기존 산업혁명에 비해 더 넓은 범위(scope)에 더 빠른 속도(velocity)로 크게 영향(impact)을 끼친다.

'제4차 산업혁명' 용어는 2016년 세계 경제 포럼(WEF: World Economic Forum)에서 언급되었으며, 정보 통신 기술(ICT) 기반의 새로운 산업 시대를 대표하는 용어가 되었다. 컴퓨터, 인터넷으로 대표되는 제3차 산업혁명(정보 혁명)에서 한 단계 더 진화한 혁명으로도 일컬어진다.

(출처: IT용어사전, 한국정보통신기술협회)

핵심요약 내용을 낭독하는 활동을 하는 것은 낭독 시, 우리 뇌의 운동사령부라 하는 '소뇌'가 활성화된다. 낭독 시 fMRI(functional magnetic resonance imaging, 기능적 자기공명영상) 촬영 결과를 보면 묵독 때, 보이지 않던 말하기 준비인 브로카 영역과 말하기인 1차 운동영역과 듣기인 청각 영역이 활성화된다. 뇌 운동영역의 활성화는 몸의 경험으로 체득해서 오래 기억할 수 있다. 또한 브로카 영역과 청각 영역 활성화는 시각과 청각 그리고 입 운동 등 많은 자극이 동시에 이루어져 뇌를 활성화시킨다. 즉, 낭독은 기억을 상승시키는 매커니즘이 일어난다. 이에 핵심내용을 낭독함으로써 묵독을 할 때보다 기억력을 상승시키는 효과가 있다.

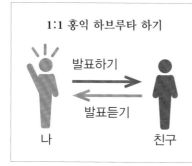

1:1 홍익 하브루타 하기	4차산업혁명시대 핵심요약의 내용을 보고 개인별로 정리한 내용을 1:1로 친구와 짝을 지어 홍익 하브루타 한다.
발표하기 → 발표듣기 나 친구	－ 내가 정리한 내용을 짝 친구에게 발표한다. － 친구가 정리한 내용에 대한 발표를 듣는다.

10명과 홍익 하브루타 발표 릴레이	개인별로 정리한 내용을 1:1로 10명의 친구와 짝을 지어 홍익 하브루타 한다. – 1:1로 짝을 지어 정리한 내용을 발표한다. – 팀별로 발표하는 속도가 다르므로 1:1 활동이 끝나면 다음번에 함께할 친구를 선택하여 진행한다.

배운 지식을 자신의 것으로 내재화하기 위한 적극적인 활동이 바로 홍익 하브루타이다. 홍익 하브루타 활동에는 1:1로 짝을 지어 하는 것이 있고, 좀 더 강력하게 효과를 보기 위해서 여러 명과 짝을 지어 홍익 하브루타 발표 릴레이를 하는 방법이 있다.

홍익 하브루타 발표 릴레이의 경우는 10명과 진행을 한다고 했을 때, 자신이 작성한 내용을 10번 발표하는 과정을 통해서 확실하게 지식을 내 것으로 만들 수 있다. 또한 친구의 발표 내용을 들으며 알았던 내용은 더욱 확실해지고, 몰랐던 부분에 대해서 새롭게 알아가는 시간이 된다.

홍익 하브루타 발표 릴레이는 학습적인 효과 이외에서 여러 명의 친구들과 짝을 지어서 해야 하기 때문에 평소에 친하지 않고, 대화도 거의 해 보지 않은 친구들과도 소통을 할 수 있는 기회가 생겨 친구관계가 원만해지고 넓어지는 효과도 있다.

■ 진행소감

– 4차산업혁명에 대해서는 많이 들어봤는데 정확하게 알고 있지 않았다. 이번에 내용을 정리하고 여러 친구들과 발표하는 활동을

통해 정확하게 이해하게 되었다.

- 친구가 4차산업혁명의 기술들이 우리 생활 속 곳곳에 있다고 예를 들어 말해 주어 친구처럼 쉽고 이해하기 좋게 설명하는 방법을 배워야겠다고 생각했다.

- 이번에 홍익 하브루타 발표 릴레이를 하면서 한 번도 대화를 나누지 않았던 친구와 짝이 되어 활동을 해서 좋았다. 더 많은 친구들과 소통을 하여 친구에 대해 알게 되는 시간이었다.

1:1 홍익 하브루타 하기와 발표 릴레이 활동 이외에 지식 습득을 위한 홍익 하브루타 방법으로 '문제 만들기'가 있다.

문제 만들기 홍익 하브루타는 핵심요약 내용을 제시하고 객관식, 주관식, 서술형 등 다양한 문제를 만들어 친구와 함께 푸는 과정을 통해 지식을 습득하는 방법이다. 학습해야 할 양이 많을 때에도 문제 만들기 하브루타를 하는 것은 효과적인 공부방법이 된다. 4차산업혁명시대 핵심내용으로 진행사례를 살펴보면 다음과 같다.

주제	4차산업혁명시대 핵심내용을 보고 단답형 3문제, 서술형 1문제, 4지선다형 1문제를 만드세요.
문제 만들기	1. 인공지능, 사물 인터넷, 빅데이터, 모바일 등 첨단 정보통신 기술이 경제·사회 전반에 융합되어 혁신적인 변화가 나타나는 차세대 산업혁명을 무엇이라 하는가? 정답) 제4차 산업혁명 2. 제4차 산업혁명시대의 특징 2가지는 무엇인가? 정답) 초지능, 초연결

	3. '제4차 산업혁명' 용어는 어디에서 언급 되었는가? 정답) 2016년 세계 경제 포럼(WEF: World Economic Forum) 4. 제4차 산업혁명에 대해 서술하시오. 초연결, 초지능 특징으로 하는 것으로 컴퓨터, 인터넷으로 대표되는 제3차 산업혁명인 정보혁명에서 한 단계 더 진화한 혁명이다. 5. 다음 중 제4차 산업혁명과 관련이 없는 것은? 정답: ④ ①인공지능 ②사물인터넷 ③빅테이더 ④기계혁명
소감	문제 만들기를 해 보니, 내용을 더 자세하게 보고 분석하여 이해의 깊이가 깊어졌다. 그리고 친구와 홍익 하브루타를 하며 알고 있는 것은 더 정확하게 알게 되고, 미처 생각해 보지 못한 것에 대해서도 알게 되는 계기가 되었다. 무엇보다 즐거웠다.

② 국어 교과

국어 교과는 말하기, 듣기, 읽기, 쓰기 등의 활동으로 소통을 원활하게 하는 데 목적이 있다. 이에 자신의 정체성을 찾고 타인과 소통할 수 있는 능력을 배양할 수 있는 홍익 하브루타로 학습하는 것이 효과가 좋다.

주제: 작품을 감상해요(초등5학년)

- **교육목표: 경험을 떠올리며 작품을 감상할 수 있다.**
- **교육대상: 학생**
- **교육방법: 홍익 하브루타**
- **교육시간: 40분**

단계	내용	시간
1.생각열기 **-질문**	'할머니, 할아버지' 그림을 보고 질문하기	5분
2.생각발전 **-설명 &** **하브루타**	- 어른들을 안마해 드린 경험을 생각하며 〈허리 밟기〉 읽기 - 〈허리 밟기〉를 읽고 물음에 답하고 짝에게 발표하기 - 〈허리 밟기〉 시에 대한 활동을 한 소감 하브루타 하기	10분
3.생각표현 **-글 & 발표**	경험을 떠올리며 시를 감상한 소감과 할머니께 편지쓰기	10분
4.생각적용 **-실천**	경험을 떠올리며 〈허리 밟기〉 감상하기 - '나'와 할머니의 마음 알아보기 - '허리 밟기' 활동을 하며 떠오르는 경험 그림으로 그리기	10분
5.생각정리 **-피드백**	경험을 떠올리며 시 감상하기의 좋은 점 정리하기	5분
6.생각심화 **-연구**	- 〈허리 밟기〉를 시의 분위기에 맞게 시 낭송하기 - 할머니, 할아버지를 생각하며 시 써 보기	-

■ 진행사례

▶ 1단계: 생각열기 - 질문

'할머니, 할아버지' 그림을 보고 질문하세요.

– 할머니, 할아버지는 몇 살이에요?

– 할머니와 할아버지는 어디에 사나요?

– 할머니와 할아버지는 손자, 손녀가 있나요?

– 할머니와 할아버지는 건강한가요?

– 할머니가 안고 있는 동물은 기르는 고양이인가요?

– 할머니와 할아버지는 왜 웃고 있나요?

– 시골에 계신 나의 할머니는 잘 계실까요?

▶ 2단계: 생각발전 – 설명 & 하브루타

– 어른들을 안마해 드린 경험을 생각하며 〈허리 밟기〉 읽기

– 〈허리 밟기〉를 읽고 물음에 답하고 짝에게 발표하기

〈허리 밟기〉 읽기 (정완영)	할머니 아픈 허리는 왜 밟아야 시원할까요? 아이쿠! 아이쿠! 하면서도 "꼭꼭 밟아라." 하십니다. 그래도 나는 겁이 나 자근자근 밟습니다.

〈허리 밟기〉 물음에 답하고 하브루타 하기	1) 할머니께서 "꼭꼭 밟아라."라고 말씀하신 까닭은 무엇일까요? – 일을 많이 하셔서 몸이 딱딱해서 꼭꼭 밟아야 시원하기 때문에 2) "내가 겁이 난 까닭은 무엇인가요? – 꼭꼭 할머니를 밟다가 할머니 뼈가 부러질 것 같아서 3) '나'는 할머니의 허리를 자주 밟아 드리나요? 어떻게 알 수 있나요? – 나는 할머니가 계신 시골에 갈 때마다 할머니의 등과 다리를 주물러 드린다.

▶ 3단계: 생각표현 – 글과 그림으로 작성 & 발표

경험을 떠올리며 시를 감상한 소감과 '할머니, 할아버지'께 편지를 써 보세요.

경험을 떠올리며 시를 감상한 소감	– 시를 읽고 활동을 할 때, 경험을 떠올리며 시를 감상하니 집중을 잘 할 수 있었어요. – 시골에 계신 할머니 생각이 많이 났어요. – 허리를 밟다가 아빠와 엄마도 머릿속에 떠올랐어요. – 시골에 사시기 때문에 명절 때나 방학 때 내려가면 더 자주 주물러 드려야 되겠다고 생각했다. 그리고 돌아가신 할아버지, 외할머니, 외할아버지의 얼굴이 궁금해졌다.
할머니께 편지쓰기	할머니, 손녀 예진이에요. 요즘 더운데 어떻게 지내세요?

학교에서 〈허리 밟기〉라는 시를 읽고 활동을 하며 할머니 생각이 났어요. 이번 명절에 내려가면 할머니 제가 어깨도 주물러 드리고 등과 다리 꼭꼭 주물러 드릴게요. 시골에 할머니가 계셔서 너무 좋아요.

할머니, 식사 꼬박꼬박 하시고, 건강 조심하세요.

명절 때 뵐게요.

할머니를 사랑하는 손녀가 올림

▶ 4단계: 생각적용 – 실천

경험을 떠올리며 〈허리 밟기〉 감상하기

– '나'와 할머니의 마음 알아보기

– '허리 밟기' 활동을 하며 떠오르는 경험 그림으로 표현하기

'나'와 할머니의 마음 알아보기	'허리 밟기'하며 떠오르는 것 그리기
– 나: 할머니 제가 아픈 등과 다리 주물러 드릴게요. 건강히 오래오래 사세요. – 할머니: 우리 손녀가 주물러 주니 좋네. 벌써 건강해진 것 같네. – 나: 할머니, 시골에 내려올 때마다 주물러 드릴게요. – 할머니: 그래, 고맙다.	

▶ 5단계: 생각정리 – 피드백

경험을 떠올리며 시를 감상하면 좋은 점은 무엇일까요?

- 내용을 더 쉽게 이해할 수 있어요.
- 내용을 더 생생하게 느낄 수 있어요.
- 글을 더욱 실감나게 읽을 수 있어요.
- 인물의 마음을 더 잘 이해할 수 있어요.

▶ 6단계: 생각심화 – 연구

할머니를 생각하며 시를 써 보고 분위기에 맞게 낭송하기

제목: 할머니 집에 가고 싶다

할머니 집에는 보고 싶은 할머니가 있다.
할머니 집에는 할머니를 지켜주는 강아지 메리가 있다.
할머니 집에는 맛있는 사과가 앞마당에 달려있다.
할머니 집에는 텃밭이 있어 가지와 고추를 딸 수 있다.
할머니 집에는 내가 좋아하는 조기 생선 반찬이 있다.
할머니 집에 가면 나는 늘 행복하다.

③ 수학 교과

수학 교과에서 홍익 하브루타를 할 때는 개념과 원리에 대한 이해, 풀이과정에 대한 연습을 할 수 있다. 개념과 원리를 명확하게 이해하는 것도 말을 하면서 할 수 있고, 풀이과정도 쓰면서 동시에 말로 하면 알고 있는 것과 모르고 있는 것을 인지하게 되어 배움의 효과를 높일 수 있다.

주제: 약수와 배수(초등 5학년)

- 교육목표: 약수의 의미를 알고 약수를 구할 수 있다.
- 교육대상: 학생
- 교육방법: 홍익 하브루타
- 교육시간: **40분**

단계	내용	시간
1. 생각열기-질문	매년 해의 이름은 어떻게 지어질까?	5분
2. 생각발전 –설명 & 하브루타	– '약수'찾기와 의미 알기 – 찾은 약수와 의미를 짝에게 설명하는 하브루타 하기	10분
3. 생각표현 –글 & 발표	'약수' 의미와 문제풀이 과정을 정리하고 발표하기	10분
4. 생각적용-실천	나눗셈식을 이용하여 18의 '약수' 찾아 보기	10분
5. 생각정리-피드백	'약수' 의미와 풀이과정을 정리하기	5분
6. 생각심화-연구	'약수'를 구하기(수학 익힘책 활용)	–

- 진행사례

▶ 1단계 생각열기 – 질문

매년 해의 이름은 어떻게 지어질까?

– 해의 이름이 지어지는 데 규칙이 있나요?

– 내가 태어난 해의 이름은 뭐예요?

– 올해 해의 이름은 뭐예요?

– 해의 이름을 어떻게 사람들은 정하는 거예요?

– 해의 이름을 정하지 않으면 어떻게 돼요?

▶ 2단계 생각발전 – 설명 & 하브루타

'약수' 찾기, 약수 의미 알기

1. 약수와 배수를 찾아보세요.

1) 카드 12장을 친구들에게 남김없이 똑같이 나누어 주려고 합니다. 몇 명에게 똑같이 나누어 줄 수 있는지 알아보고 말해 보세요.

정답: 2명, 3명, 4명, 6명, 12명에게 똑같이 나누어 줄 수 있습니다.

2) 카드 12장을 친구 몇 명에게 똑같이 나누어 줄 수 있는지 나눗셈식을 이용하여 알아봅시다.

정답: $12÷1=12$, $12÷2=6$, $12÷3=4$, $12÷4=3$, $12÷6=2$, $12÷12=1$

3) 12를 나누어떨어지게 하는 수를 모두 구해 보세요.

정답: 1, 2, 3, 4, 6, 12

2. '약수'의 의미

12를 나누어떨어지게 하는 수를 12의 약수라고 합니다. 1, 2, 3, 4, 6, 12는 12의 약수입니다. 어떤 수를 나누어떨어지게 하는 수를 그 수의 약수라고 합니다.

▶ 3단계 생각표현 – 글 & 발표

'약수'의 의미와 문제풀이 과정을 정리하고 발표하기(1:1로 짝을 지어 친구와 발표)

약수는 어떤 수를 나누어떨어지게 하는 수를 그 수의 약수라고 합니다. 12의 나눗셈식으로 나타내면 '12÷1=12, 12÷2=6, 12÷3=4, 12÷4=3, 12÷6=2, 12÷12=1'입니다. 12의 약수는 '1, 2, 3, 4, 6, 12'입니다.

▶ 4단계 생각적용 – 실천

나눗셈식을 이용하여 18의 약수를 찾아보세요.

– 18÷1=18, 18÷2=9, 18÷3=6, 18÷6=3, 18÷9=2, 18÷18=1
– 18의 약수: 1, 2, 3, 6, 9, 18

▶ 5단계 생각정리 – 피드백

'약수' 의미와 풀이과정을 정리하기
약수는 어떤 수를 나누어떨어지게 하는 수를 그 수의 약수라고 합니다.
12의 나눗셈식으로 나타내면 '12÷1=12, 12÷2=6, 12÷3=4, 12÷4=3, 12÷6=2, 12÷12=1'입니다. 12의 약수는 '1, 2, 3, 4, 6, 12'입니다.

▶ 6단계 생각심화 – 연구

'약수' 구하기

1. 14의 약수를 구해 보세요.
2. [9, 18], [8, 34] 왼쪽 수가 오른쪽 수의 약수인 것에 O, 아닌 것에 X 표 하세요.
3. [8, 17, 28] 수 중 약수의 수가 많은 수부터 순서대로 써 보세요.

④ 사회 교과

아파트의 층간 소음으로 인해 발생하는 문제, 바다쓰레기로 인한 오염과 해양 생태계 파괴, 지구 온난화로 세계 곳곳에서 발생하고 있는 다양한 문제 등 우리는 수많은 문제들에 직면해 있다. 이러한 문제에 대해 현재의 상황을 인식하고 원인을 파악하여 지혜로운 해결책을 찾는 과정은 인류가 지속하는 한 계속된다. 학생들에게 배우고 익혀야 하는 것 중에 중요한 것이 문제를 해결하는 능력이다. 다양한 문제에 대해 주제를 제시하여 홍익 하브루타를 하게 하는 것이 문제를 해결하는 과정을 배우게 하는 활동이 된다.

주제: 주민참여 '아파트 층간 소음 문제'(초등 4학년)

■ **교육목표:** 이웃 간에 층간 소음 문제를 해결하는 방법을 찾을 수 있다.
■ **교육대상: 학생**
■ **교육방법: 홍익 하브루타**
■ **교육시간: 40분**

단계	내용	시간
1. 생각열기-질문	'층간 소음' 사진 보고 질문하기	5분
2. 생각발전-하브루타	윗층 어린이 입장 VS 아래층 어른 입장 하브루타 하기	15분
3. 생각표현-글 & 발표	하브루타 한 결과를 직성하고 발표하기	10분
4. 생각적용-실천	층간 소음 해결을 위해 해야 할 나의 행동 찾기	5분
5. 생각정리-피드백	층간 소음 줄이는 방법 소개하기	5분
6. 생각심화-연구	층간 소음 줄이기에 대해 연구하기	-

■ 진행사례

▶ 1단계 생각열기 - 질문

그림을 보고 질문하세요.

- 둘이 무엇을 하고 있나요?
- 둘이 왜 손을 잡고 있을까요?
- 둘은 몇 살 몇 살인가요?
- 뛰고 있는 곳은 몇 층인가요?
- 뛰고 있는 시각은 몇 시인가요?
- 아래층에는 어떤 사람들이 사나요?
- 아래층 사람들과 관계는 괜찮은가요?

▶ 2단계 생각발전 – 하브루타

5층 어린이들이 저녁 늦게까지 뛰어 놀아요. 쿵쿵거리는 시끄러운 소음이 너무 심해요. 어떻게 해결할 수 있을까요?(5층 어린이 입장 VS 4층 어른 입장)

▶ 3단계 생각표현 – 글, 그림 작성 & 발표

주제	5층 어린이 입장 VS 4층 어른 입장
하브루타 (성명)	○○○(함께한 친구 ○○○)
5층 어린이 입장	– 저녁 늦은 시간에 나가서 놀면 안전이 걱정된다. – 아이들은 뛰면서 노는 것이 당연한 것이라 제어해도 잘 안 된다.(아이들을 묶어놓을 수도 없다.) – 걸음걸이가 유별나게 아이들이 요란하다.
4층 어른 입장	– 하루종일 시도 때도 없이 뛰니 시끄러워서 너무 힘들다. – 언제 소리가 날지 몰라 가슴이 두근거리고 불안하다. – 층간 소음으로 스트레스가 심해져 다른 일에도 영향을 준다.
Creative Solution (창의적 해결)	– 서로 상의하여 뛰고 놀 수 있는 시간을 정하고 공유한다. 　예시) 오후 2시~6시 뛰어 놀기, 오후 6시 이후 뛰지 않는다. – 아이들이 뛰는 공간을 정한다.(쉬는 방, 노는 방) – 5층과 4층이 대화도 하고 친한 이웃으로 지낸다.

소감	5층 어린이 입장과 4층 어른 입장에서 생각하고 대화를 나누다 보니 서로에 대해 이해하게 되었다. 소음 문제는 해결하는 것이 한계가 있지만, 서로 간에 불편한 감정적인 문제는 대화로 충분히 해결할 수 있다. 서로 간에 입장 차이가 있는 갈등문제에 대해 홍익 하브루타 방법이 매우 유익한 방법이라는 것을 알게 되었다.

그림으로 생각 표현하기

▶ 4단계 생각적용 – 실천

층간 소음 문제해결을 위한 나의 실천 사항을 작성하세요.

– 아래층에 사는 분들에게 층간 소음이 있을 수 있다고 양해를 구한다.

– 아침과 저녁에는 뛰지 않아야 한다.

– 낮에 아래층 분들이 일하러 간 시간에 논다.

– 노는 장소를 정해서 놀고 그 장소에 방음용 매트를 깔고 논다.

▶ 5단계 생각정리 – 피드백

층간 소음 줄이기 위한 방법

– '쿵쿵쿵' 집 안에서 뛰는 소리: 매트 설치, 덧신 신기, 달리기는 놀이터
  에서 하기
– '윙윙윙' 늦은 밤 세탁기와 청소기 사용: 밤 10시 이전에 끝내기
– '쾅쾅쾅' 한밤중 피아노 소리: 낮 시간을 활용하여 연습하기, 방음시설
  설치하기
– '끼이익' 가구 끄는 소리: 가구를 옮기거나 망치질이 필요한 경우, 이웃
  에 양해 구하기

▶ 6단계 생각심화 – 연구

층간 소음 줄이기에 대해 더 연구해 보세요.

– 공동주택 층간소음의 범위와 기준에 관한 규칙
  [시행 2014.6.3.] [환경부령 제559호, 2014.6.3, 제정]
  [시행 2014.6.3.] [국토교통부령 제97호, 2014.6.3, 제정]
– 제2조(층간소음의 범위) 공동주택 층간소음의 범위는 입주자 또는 사용
  자의 활동으로 인하여 발생하는 소음으로서 다른 입주자 또는 사용자
  에게 피해를 주는 다음 각 호의 소음으로 한다. 다만, 욕실, 화장실 및
  다용도실 등에서 급수·배수로 인하여 발생하는 소음은 제외한다.
1. 직접충격 소음: 뛰거나 걷는 동작 등으로 인하여 발생하는 소음
2. 공기전달 소음: 텔레비전, 음향기기 등의 사용으로 인하여 발생하는
  소음
– 제3조(층간소음의 기준): 공동주택의 입주자 및 사용자는 공동주택에서 발
  생하는 층간소음을 별표에 따른 기준 이하가 되도록 노력하여야 한다.

⑤ 과학 교과

근래에 이르러 과학은 물질세계를 '탐구하는 과정'으로서의 과학교육이 중요하게 대두되었다. 세계 각국은 과학, 기술의 발달이 국가의 번영은 물론, 나아가서는 국가의 안정보장과도 직결된다는 인식하에 학교의 과학교육을 진흥시키기 위해 노력하고 있다. 오늘날의 혁신적 과학교육은 학습자로 하여금 자기 스스로 탐구를 통하여 얻어지는 능력과 태도 및 과학적 지식을 학습하게 하는 것을 목표로 하고 있다. 스스로 탐구를 통하여 과학적 지식을 학습하고 활용하고 적용하는 데 하브루타가 유용한 방법이다.

주제: 액체괴물을 갖고 놀아도 될까?(초등 3학년)
- **교육목표: 액체괴물이 우리 건강에 미치는 영향을 알 수 있다.**
- **교육대상: 학생**
- **교육방법: 홍익 하브루타**
- **교육시간: 40분**

단계	내용	시간
1.생각열기-질문	액체괴물 그림을 보고 질문하기	5분
2.생각발전-하브루타	액체괴물 갖고 논다(찬성 VS 반대) 하브루타 하기	15분
3.생각표현-글 & 발표	하브루타 한 결과를 작성하고 발표하기	10분
4.생각적용-실천	'나만의 액체괴물 놀이 규칙' 만들기	5분
5.생각정리-피드백	액체괴물 유해성 정리하기	5분
6.생각심화-연구	액체괴물에 대해 더 연구하기	–

▶ 1단계 생각열기 – 질문

액체괴물에 대해 질문해 보세요.

– 액체괴물은 뭘로 만들었어요?
– 액체괴물은 누가 처음 만들었어요?
– 액체괴물을 왜 어른들은 못하게 해요?
– 집에서도 액체괴물을 만들 수 있어요?
– 외국에도 액체괴물이 있어요?
– 액체괴물로 멋진 작품을 만들 수 있어요?

▶ 2단계 생각발전 – 하브루타

주제로 친구와 함께 하브루타 하세요.

액체괴물 느낌이 무척 좋아요. 어른들은 몸에 해롭다고 갖고 놀지 말라고 해요. 그런데 너무 재밌어요. 액체괴물 갖고 놀래요.

(주제) 액채괴물 갖고 논다(찬성 VS 반대)

▶ 3단계 생각표현 – 글 & 발표

액체괴물 주제로 하브루타 한 결과를 작성하고 발표해 보세요.

주제	액체괴물 갖고 논다(찬성 VS 반대)
하브루타 (성명)	○○○(함께한 친구 ○○○)
찬성 (갖고 논다)	액체괴물은 말랑말랑해서 만지면 기분이 좋아져요. 액체괴물 놀이를 친구들이 많이 해서 나도 하고 싶다. 액체괴물은 내가 원하는 모양으로 만들 수 있어 좋다.
반대 (갖고 놀지 않는다)	액체괴물은 찐덕찐덕해서 머리카락이나 머리에 붙으면 떼기가 어렵다. 액체괴물에는 몸에 나쁜 것이 있어 오래 갖고 놀면 건강이 나빠질 수 있다. 액체괴물은 어른들이 하지 말라고 해서 자주 혼나서 기분이 나쁘다.
Creative Solution (창의적 해결)	건강에 나쁘지 않은 재료로 액체괴물을 만들어서 놀이를 한다. 액체괴물을 가지고 놀 때 나만의 규칙을 만든다.
소감	액체괴물에 대해 마음껏 얘기를 할 수 있어서 좋았다. 건강에 나쁘지 않은 액체괴물을 어떻게 만들어야 할지 고민이 생겼다.

▶ 4단계 생각적용 – 실천

'나만의 액체괴물 놀이 규칙'을 만들어 보세요.

- 액체괴물 놀이를 할 때는 비닐장갑을 끼고 놀아요.
- 액체괴물 놀이는 30분 이내로 짧게 갖고 놀아요.
- 액체괴물은 학교에 가져가서 놀지 않아요.
- 액체괴물을 갖고 노는 횟수와 시간을 점점 줄여요.
- 액체괴물 말고 다른 재미있는 놀잇감을 찾아요.

▶ 5단계 생각정리 – 피드백

액체괴물이 무엇인지 정리할게요.

- 액체괴물은 슬라임이라고도 해요. 아이부터 어른까지 인기 있는 장난감이지요.
- 액체괴물은 찐득한 물체로, 그 촉감을 즐기거나 찰흙처럼 모양을 만들어 노는 장난감을 말해요. 취향에 따라 색을 넣거나 반짝이는 가루 등을 넣어 직접 만들기도 해요.
- 액체괴물을 만들 때 사용되는 것 중에 '붕사'가 있어요. 붕사는 특수 유리, 도자기의 유약 원료로 세제, 가글액 등에 사용되는 성분이에요.
- 붕사를 액상으로 녹여 사용하게 되면 강한 알칼리성을 띠게 돼요. 강알칼리에 접촉하게 되면, 특히 민감한 피부를 갖고 있는 어린아이일수록 피부가 망가질 위험이 있어요. 식품의약품안전평가원에서 붕사는 피부 접촉, 안구, 코와 호흡기, 기타 점막 노출 시 자극성이 있다고 주의하라고 하고 있어요.
- 액체괴물 놀이를 할 때는 특별히 더 안전에 유의해야 해요.

액체괴물은 어떻게 버려요? 액체괴물이 옷에 묻었을 때 어떻게 해요?

액체괴물 버리기	– 액체괴물 쫙 펴 햇빛이 잘 드는 곳에 말려요. – 잘 마른 액체괴물을 떼어내고 잘라요. – 자른 액체괴물을 휴지통에 버려요. • 그냥 버리면 상하고 곰팡이가 생길 수 있어요.
액체괴물이 옷에 묻었을 때	– 바로 뜨거운 물을 뿌려 액체괴물을 녹여요. – 치약을 많이 발라서 칫솔질 해 주세요.

⑥ 도덕 교과

도덕 교과는 '도덕적 주체로서의 나', '우리, 타인과의 관계', '사회, 국가, 지구공동체와의 관계', '자연, 초월적 존재와의 관계' 등에 대해 배운다. 도덕 교과 학습을 통해 올바른 가치관을 형성하고 타인과 소통하는 방법을 배운다. 홍익 하브루타 방식으로 학습하기에 매우 적합한 교과목이다.

주제: 학급 대표 달리기 선수 누가 나가야 할까?(초등6학년)
- ■ **교육목표:** 공정함이 무엇인지 배울 수 있다.
- ■ **교육대상:** 학생
- ■ **교육방법:** 홍익 하브루타
- ■ **교육시간: 120분**

[주제] 비록 넘어져서 2등을 차지했지만 평소에 달리기를 가장 잘하는

영수가 학급 대표 선수로 나가는 것이 맞을까요?(6학년 도덕과 4
단원 공정한 생활 관련)

단계	내용	시간
1. 생각열기 – 질문	'달리기'에 대해 질문하기	10분
2. 생각발전 – 하브루타	교과서 88쪽 '달리기 대표'를 읽고 하브루타 하기	30분
3. 생각표현 – 글 & 발표	하브루타 한 결과 작성하고 발표하기	30분
4. 생각적용 – 실천	학교에서 공정한 생활이 이루어지도록 노력해야 할 점들을 이야기해 보기	10분
5. 생각정리 – 피드백	공정한 세상을 만들기 위한 노력들 소개하기 (복지제도, 공정무역, 공정여행 등)	10분
6. 생각심화 – 연구	공정무역 사례 연구하기 (초콜릿, 커피, 축구공 등) (컴퓨터실 또는 도서실 활용 수업)	30분

■ 진행사례

▶ 1단계: 생각열기 – 질문 → '달리기'에 대해 질문해 보세요.

1. 누가 1등으로 들어왔을까요?
2. 몇 명이 뛰었을까요?
3. 같은 반 친구들일까요?
4. 넘어진 친구는 없을까요?
5. 맨 앞에 있는 아이는 숨이 차거나 힘들지 않은 걸까요?
6. 결승선이 어디일까요?
7. 몇 등까지 상을 주는 걸까요?

▶ 2단계: 생각발전 – 하브루타 → 교과서 88쪽 '달리기 대표'를 읽고 하브루타 해 보세요.

① 비록 넘어져서 2등을 차지했지만 평소에 달리기를 가장 잘하는 영수가 학급 대표 선수로 나가는 것이 맞을까요?

② 비록 넘어져서 2등을 차지했지만 평소에 달리기를 가장 잘하는 영수가 학급 대표 선수로 나가는 것이 맞다. (찬성 VS 반대)

▶ 3단계: 생각표현 – 글 작성 & 발표 → '어떻게 되어야 공정한지' 의견을 정리하여 작성하세요.

주제	비록 넘어져서 2등을 차지했지만 평소에 달리기를 가장 잘하는 영수가 학급 대표 선수로 나가는 것이 맞다. (찬성 VS 반대)
성명	○○○(함께한 친구 ○○○)
찬성	– 비록 실수를 하긴 했지만 평소에 달리기 실력이 가장 좋은 영수가 대표 선수로 나가야 한다. – 영수가 가장 잘 뛰는 걸 알면서도 은서를 대표로 뽑으면 우리 반이 질 것이다.
반대	– 은서도 지난달부터 열심히 연습했기 때문에 1등한 것을 인정해 줘야 한다. – 결과와 상관없이 평소 실력대로 학급 대표 선수를 뽑게 되면 대표 선출을 위한 달리기를 할 필요조차 없다. – 학급의 모든 친구들에게 똑같은 기회를 주고 결과에 따라야 한다.

	– 실수도 실력이다. 교내 체육 대회에서 또 넘어질 수도 있다.
창의적 해결	– 실수를 할 수도 있으니 세 번을 뛰게 해서 두 번 이상 잘 뛴 사람을 대표 선수로 뽑는다. – 두 번의 기회를 주고 초시계로 시간을 기록해서 평균을 낸 다음 가장 빨리 뛴 사람을 대표 선수로 뽑는다. – 올림픽 같은 중요한 경기가 아니라 교내 체육 대회에 나갈 선수를 뽑는 것이기 때문에 이기는 것보다 즐겁게 참여하는 마음이 중요하다.
소감	– 찬반 토론과 역할 바꾸기를 통해 영수와 은서의 입장 모두를 이해할 수 있게 되었다. – 처음부터 여러 가지 상황을 고려해서 선수 선발 규정을 정하는 게 중요하다는 걸 알게 되었다.

▶ 4단계: 생각적용 – 실천

학교에서 공정한 생활이 이루어지도록 노력해야 할 점들을 이야기해 보세요.

– 급식소 갈 때 번호 순서로 줄을 서지 않고 번갈아가며 줄을 서서 가기
– 학급 역할 분담 2주에 한 번씩 바꾸기
– 학급회의 시간에 의장이 발표할 기회 골고루 주기

▶ 5단계: 생각정리 – 피드백

공정한 세상을 만들기 위한 노력을 소개하기(공정무역, 공정무역 제품, 공정여행 등)

- 공정무역: 상호 간의 혜택이 동등한 가운데 이루어지는 무역을 말한다.
- 공정 무역 제품: 경쟁에서 뒤처진 생산자들과 노동자들의 권익을 보장하고 제품의 생산, 운송, 판매 단계에서 환경과 사회적 측면을 고려한 제품이다. 세계 공정 무역 협회의 인증을 받았거나 그 이상의 기준을 만족하는 제품이다.
- 공정 여행: 현지인과 교류하고 그 사회에 도움을 주며 현지의 환경과 문화를 존중하는 여행을 말한다.

"공정한 사회에서는 차이는 있어도 차별은 없다."

▶ 6단계: 생각심화 – 연구

공정무역 사례를 연구해 보세요.

공정무역으로 유명한 기업 사례

- 더바디샵: 1987년 화장품 업계 최초로 공정무역을 시작했다. 전 세계 23국, 31개의 공정무역 파트너들과의 공정한 거래를 통해 질 좋은 천연 원료와 악세서리를 공급받고 있다. 가나 퉁테이야 여성협회로부터 시어버터를, 네팔로부터 수작업으로 만든 종이 선물 박스와 쇼핑백을 구매하고 있다.

공정무역 커피

- 공정 무역 커피는 다국적 기업이나 중간 상인을 거치지 않고 제3세계 커피 농가에 합리적인 가격을 직접 지불하여 사들이는 커피를 말한다. 이에 공정 무역 커피는 생산자와 소비자의 직거래를 기본으로 커피의 최저가격을 보장하고, 생산자와의 장기간 거래 등 국제무역에서 보다 공평하고 정의로운 관계를 추구하자는 취지로 생겨났다. 저개발국가의 소외된 생산자와 노동자에게 좋은 조건을 제공하며 그 권리를 보호하고 있는 것이다. 맛이나 향이 중심이 아닌 유통방식이 남다른 커피이다.

교사들의 교육 소감

현장 교육에서 작용할 수 있도록 자신감 심어준 연수!

홍익 하브루타에 대한 사전 지식은 많은 서적을 통해서 익히 알고 있었으나 교육 현장에서 실현하는 것은 또 다른 문제로 다가왔다. 내가 하고 있는 방법이 옳은 것인지, 효과가 있는 것인지 등 자신감이 없어서 계속 실천하기에 의혹이 있었다. 그러던 중 홍익 하브루타로 수업하기 연수를 들은 후 자신감이 생겼다. 홍익 하브루타에 대한 프로세스를 계속적으로 적용하는 실천 사례 소개와 연수를 받고 계신 선생님들의 실천체험 과정을 보면서 나도 직접 참여는 하지 않았지만 내 스스로 현장에서 실전 연습에 일원이 되어 몰입하고 있는 자신을 발견하게 된다. 또한 각 차시마다 사례 중심의 구체적인 설명과 실전 연수 장면, 발표 등을 보여줌으로써 더욱 명확하게 홍익 하브루타에 대해 알게 되었고 또한 적용할 수 있는 방법과 자신감을 얻게 되었다. 그리고 후속 연수로 홍익 하브루타 실제를 더 들어 봐야겠다는 의욕이 생기고 연수를 더 신청하게 되었다. 앞으로 아이들을 만나 현장에서 적용할 생각을 하니 가슴이 설레며 교사 생활이 더욱 활기차게 될 것 같다.

홍익 하브루타로 즐거운 배움을…

'하브루타'라는 것이 유대인의 교육법이고, 훌륭한 인재를 많이 키워내는 유대인의 저력이 이 교육법에서 나온다는 것은 익히 알고 있었지만 연수를 통해 깊이 있게 접해 본 것은 이번이 처음이다. 영상에 더 익숙한 학생들에게 서로 대화를 하라고 하면 입을 닫고, 잘 참여하지 않을 것이라는 고정관념이 있었지만, 이 연수를 통해 학생들이야말로 그 누구보다 대화하고 싶어 하고, 자신의 이야기에 귀 기울여주는 것에 긍정적인 자극을 받게 된다는 것을 알게 되었다. 우리가 그 방법을 잘 모르고, 이끌어내지 못해주었을 뿐이라는 것을 깨닫게 되었다.

디베이트와는 달리 1대 1이라서 승패 없이 서로의 이야기를 들어주고, 입장을 바꾸어 보고, 그 가운데 창의적 해결방법 도출까지 대화 가운데에 많은 덕목이 자리해 있다는 사실도 알게 되었다. 학생들에게 늘 강조하는 독후 활동 또한 이야기로 풀어내면 훨씬 더 많은 것을 이끌어낼 수 있다는 것도 알게 되었다. 우리반 아이들을 빨리 만나서 홍익 하브루타를 통해 배움을 즐겁게 이끌어 가고 싶다.

가뭄 속 단비 같은 연수!

학생 주도의 수업을 고민하던 차에 홍익 하브루타 연수를 접하고, 가뭄 속 단비를 맞는 듯 반갑고 너무나 고대하던 수업 아이디어를 얻게 되었다. 적용 사례가 많아 수업시간에 바로 적용할 수 있어서 정말 좋았다. 하나도 놓치지 않고 끝까지 귀 기울여 들었던 연수는 참 오랜만인 것 같다.

소통이 살아있는 교실을 실현하고 싶을 때, 홍익 하브루타로 수업을…

나이가 많든 적든 사람은 누구나 자기가 말하기를 좋아한다. 학교에서 하루 종일 강의식으로 누군가의 말을 듣고 학습하는 것보다 학생의 언어로 서로 이야기하고 듣는 과정에서 엄청난 학습효과가 있다는 것을 다시 한 번 되새길 수 있었다. 살아있는 생기 있는 교실수업을 꿈꾸는 선생님이라면 꼭 한번 들어보길 권한다.

두려움을 극복하게 해준 홍익 하브루타!

홍익 하브루타 수업에 대한 막연한 두려움이 있었는데 실제 수업 장면을 접해보고 또 추후 학습에 대한 소개도 받으니 나도 할 수 있을 것 같은 자신감이 생겼다. 실제로 연수를 들으면서 아이들을 대상으로 간

단한 홍익 하브루타를 적용해보았더니 자연스럽게 홍익 하브루타를 받아들이고 적극적으로 참여하는 아이들의 모습에서 흐뭇한 미소가 절로 났다. 홍익 하브루타 수업방법은 학생들의 자발성을 이끌어낼 수 있다는 점에서 불확실한 미래 사회를 살아갈 학생들에게 적극성과 대처능력을 키워줄 수 있는 좋은 수업 방법이라는 확신이 들었다.

교사로서 늘 고민하던 문제를 한 방에 해결해준 홍익 하브루타 연수!

학교는 학생들이 소속감을 갖고 인정을 받으면서 밝은 미래를 꿈꾸는 행복한 배움터가 되어야 한다고 생각한다. 그런 점에서 홍익 하브루타 연수는 이 문제를 해결해 줄 중요한 열쇠가 될 것 같다. 모든 학생들이 즐겁고 신나는 학교생활이 되도록 학습시간, 생활지도, 친구관계 등 여러 영역에서 홍익 하브루타를 꼭 적용할 것이다.

(3) 부모와 자녀 '소통하는 가족'

자녀를 어떤 사람으로 키워야 할까?

"자녀가 어떤 사람이 되기를 바라십니까?"라는 질문에 부모님들은 행복한 사람, 주도적인 사람, 배려있는 사람, 긍정적인 사람, 인성이 바른 사람, 다른 사람에게 도움이 되는 사람, 세상에 필요한 사람 등의 답변을 한다. 모든 부모님들이 원하는 자녀의 모습을 한 단어로 표현을 하자면 '홍익인간'이다.

홍익인간은 '널리 세상을 이롭게 하는 사람'이라는 뜻으로 '널리' 사람들에게 영향을 주기 위해서는 '나만의 전문성'을 가지고 있어야 한다. 전문성은 누구와 비교하는 것이 아니라 자기 자신이 가지고 있는 잠재력을 최대한 끌어내고 발전시켜서 '내가 될 수 있는 최고가 되는 것'이다. 그런데 홍익인간은 '널리' 영향을 주는데 또 다른 조건이 있다. 바로 '이롭게' 해야 한다는 것이다. 예를 들어 자녀가 컴퓨터 프로그램을 잘 짜는 전문 프로그래머인데 해커라면 홍익인간이 아니다. 프로그램을 널리 많은 사람들이 유용하게 사용할 수 있는 일을 하는 것이 홍익인간이다. 자녀가 홍익인간이 될 수 있도록 부모는 환경을 만들어 주어야 한다. 그래야 나도 행복하고 함께 하는 사람들도 행복하다.

어떻게 하면 자녀를 홍익인간으로 키울 수 있을까?

자녀를 '홍익인간'으로 키우고 싶다면 자녀를 키우는 부모가 먼저 '홍익부모'가 되어야 한다. '콩 심은 데 콩 나고 팥 심은 데 팥 난다.'는 속담이 있듯 자녀는 부모의 거울이다. 부모가 어떤 모습으로 살아가고 자녀를 키웠는지가 자녀가 어떤 사람이 되는지를 결정한다. 부모는 인간으로 태어나 최초로 경험하는 가장 의미 있는 사람이며 자녀의 성장과 발달에 절대적인 영향을 미치는 사람이며 자녀의 입법권, 사법권, 행정권 모든 것을 갖고 있는 신적인 존재 같은 사람이다. 부모가 어떤 사람인지가 자녀가 어떤 사람으로 성장할 것인가 결정되므로 자녀를 홍익인간으로 키우기 위해서는 홍익인간의 의미를 명확하게 알고 부모님이 먼저 홍익부모가 되어야 한다.

지혜로운 홍익부모의 역할은 무엇일까?

첫째, 자녀는 인격을 가진 존재임을 잊지 말아야 한다.

자녀를 훌륭하게 잘 키우는 유대인들은 "자녀는 하나님의 자식으로 자신의 몸을 빌어 낳고 키우는 것이다."라는 생각을 가지고 있다. 자녀를 하나님의 자식으로 여겨 함부로 여기지 않고, 하나의 인격적인 존재로 인식하고 키우고 있는 것이다. 자녀는 부모의 소유물로 부모 멋대로 해도 되는 대상이 아닌 하나의 인격체를 가진 존재임을 잊지 말아야 한다. 자녀를 대하는 자세가 근본적으로 달라지는 것, 홍익부모로서의 역할을 하고 있는 것이다.

둘째, 자녀가 성장함에 따라 부모의 역할이 달라져야 한다.

영아기의 특징은 사회적인 발달을 시작하는 시기로 부모는 애착관계를 형성해 주어야 한다. 유아기는 행동방식이 왕성하게 발달하는 시기로 옳고 그른 것에 대한 것을 알려주는 훈육자의 역할과 세상을 먼저 경험한 사람으로서 아이가 세상을 배워 나갈 수 있게 경험들을 제공하여 학습할 수 있도록 해 주어야 한다. 아동기는 논리적 사고와 도덕성이 발달하며 학습적인 측면에서 배움이 많이 일어나는 시기이다. 학습에 흥미와 관심을 가질 수 있게 격려하고 동기 부여하는 역할이 매우 중요하며, 학습에 대해 어려워하는 부분에 대해서는 도와줄 수 있는 역할을 해야 한다. 청소년기는 신체적·심리적·사회적으로 변화를 극심하게 경험하는 시기로 자녀의 상황을 이해하고 스스로 문제를 해결해 나갈 수 있도록 돕는 상담자 역할을 해야 한다. 청소년기 자녀에게 훈육을 하고 있다면 자녀를 아직도 유아기의 자녀로 대하고 있는 것이다.

〈표: 시기별 특징과 부모의 역할〉

시기	특징	부모 역할
영아기	사회적 발달을 시작하는 시기	애착관계 형성자
유아기	행동방식이 발달하는 시기	훈육자, 경험 학습 제공자
아동기	논리적 사고, 도덕성이 발달하는 시기	격려자, 교육관계 지도자
청소년기	신체적·사회적 변화를 경험하는 시기	상담자

시기에 따른 부모 역할을 해야 자녀가 건강하게 성장할 수 있다. 시기에 맞게 자녀에게 역할을 하는 것 그것이 바로 홍익부모이다.

부모와 자녀 간에 적용할 수 있는 대화 홍익 하브루타
어떻게 하면 될까?
　　첫째, 칭찬을 통해 자녀의 자존감을 높이는 대화를 하라.
　　부모가 하는 말 한 마디, 행동 하나가 자녀의 삶을 좌지우지 할 수 있는 영향을 주고 있다. 부모의 지혜로운 칭찬은 자녀가 올바르게 성장하게 도와주고, 자신감을 배양해 주며, 모든 일에 의욕을 갖게 만들어 주며, 자녀가 좋은 습관을 형성하는 데 매우 중요한 역할을 한다. 《탈무드》에 '칭찬은 지혜롭게 해야 한다.'는 말이 있다. 무조건적인 칭찬은 아이를 거만하게 만들고, 부모의 말에 신뢰를 갖지 못하게 만든다. 지혜로운 칭찬을 해야 한다.

[지혜로운 부모의 효과적인 칭찬법]

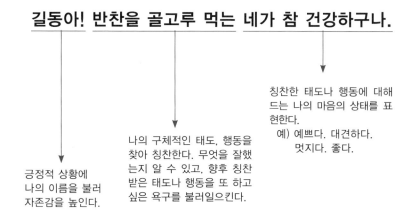

위의 효과적인 칭찬법은 이상적인 칭찬의 예이다. 지혜롭게 칭찬을 하기 위해서는 먼저 칭찬할 때, 자녀의 이름을 부른다. '부모님들이 자녀의 이름을 언제 부를까?' 대부분 무엇을 하라고 하거나 하지 않았을 때 훈육을 하거나 문제를 일으켰을 때 등 부정적인 상황에서 많이 부른다. '호랑이는 죽어서 가죽을 남기고, 사람은 죽어서 이름을 남긴다.'라는 말이 있듯이 이름은 그 사람 자체이다. 자녀에게 부정적인 상황에서 이름을 불러주면 자기 자신에 대한 부정적 생각을 갖게 한다. 그러므로 자녀의 이름은 부정적 상황이 아닌 긍정적인 상황에 자주 불러주어야 한다.

다음은 자녀에게 칭찬할 구체적인 태도나 행동을 말해 준다. 구체적인 칭찬은 자신이 무엇을 잘했는지 알게 되고, 향후에 칭찬 받은 것에 대해 다시 행동이 강화되는 긍정적인 효과가 있다.

마지막으로 격려의 말을 해 준다. 구체적인 칭찬 후에 격려의 메시지를 하는 것은 매우 중요하다. 용기의 심리학자로 잘 알려진 아들러는 격려의 메시지로 인생의 목표를 향해 한 걸음이라도 더 나아갈 수 있도록 '나와 타인'에게 용기를 주는 것을 매우 중요하게 여겼다. 용기를 갖게 되면 자기긍정성과 타인에 대한 신뢰감이 높아지면서 행복감도 커지기 때문이다.

[칭찬 스킬 적용사례]

대상	칭찬의 말 한마디
나	순희야, 가족들 건강을 위해 영양식을 골고루 챙기는 네가 멋있구나. 순희야, 자녀교육을 위해 열심히 배우고 실천하려고 노력하는 네가 존경스러워. 순희야, 어렵고 힘든 상황 속에서도 늘 웃음 지으려는 네가 기특해.
배우자	철수씨, 아침에 피곤해도 가족을 위해 늦지 않고 출근하는 당신이 고마워요. 철수씨, 항상 지금보다 발전하려고 노력하는 모습이 보기 좋아요. 철수씨, 저녁에 퇴근해 아이들과 놀아주는 당신은 멋진 아빠예요.

자녀	길동아, 밥을 맛있게 먹는 네가 사랑스럽구나.
	길동아, '잘 먹겠습니다.'라며 밥을 먹는 네가 참 예의 바르구나.
	길동아, 동생이 모르는 것을 잘 가르쳐주는 너는 배려심 있고 친절하구나.

나를 비롯하여 가족들에게 지혜로운 칭찬방법에 따라 칭찬을 해 보면 소통하는 가족, 화목한 가정을 만드는 데 큰 도움이 될 것이다. 부모의 긍정적인 칭찬의 말 한마디는 자녀의 인생을 좌우한다는 것을 꼭 기억해야 한다.

둘째, 자녀의 마음을 알고 문제해결력을 높이기 위한 질문식 대화를 하라.

우리는 수많은 문제를 안고 살아간다. 문제가 있다는 것은 우리가 살아있다는 것이고, 잘 살아가기 위해 주어지는 기회이다. 자녀를 키우며 생기는 문제들로는 물을 쏟았을 때, 문제를 틀렸을 때, 스스로 할 일을 하지 않을 때, 형제 또는 친구들과 싸울 때, 넘어져서 다쳤을 때, 너무 많은 질문을 하여 곤란할 때 등 다양한 상황에서 문제가 발생한다. 이렇게 다양한 문제가 발생했을 때, 문제를 해결할 수 있는 지혜로운 부모의 말 한마디는 '질문'이다.

질문이 자녀를 키우며 발생할 수 있는 문제를 해결하는 데 효과적인 말 한마디이며, 자녀 스스로 문제해결력을 키우는 데 효과적인 말 한마디이기도 하다. 자녀의 마음을 이해하고 자녀에게 문제해결력을 키워주는 상황에 맞는 질문식 대화를 살펴보면 다음과 같다.

① 문제가 생겼을 때

물을 쏟았을 때, 넘어졌을 때, 친구(형제)와 싸웠을 때 등 문제가 생겼을 때 부모의 첫 마디는 "괜찮아?"이다. 문제가 발생하면서 아이가 신체적으로 다쳤을 수도 있고, 정신적으로 놀랐을 수도 있기 때문에 "괜찮아?"라고 물어야 한다. "괜찮아?"라고 부모가 자녀에게 질문을 하면 자녀는 부모가 "나를 걱정하고 있구나." 하는 생각에 부모님의 사랑을 느낀다. 또한 "괜찮아요."라고 답변을 하고 스스로 문제 상황에 대해 생각하며 해결방법도 찾아보게 된다.

② 울거나 화를 낼 때

자녀들이 울거나 화를 낼 때, 부모의 첫 마디는 "왜 울어?" "왜 화났어?" 등 화가 나거나 짜증난 목소리로 소리를 지르는 것이 대부분이다. 이 때, 부모가 해야 하는 말은 질문으로 "○○야, 무슨 일이야. 왜 우는 거야?" "○○야, 무엇 때문에 화가 났어?"라고 차분한 목소리로 질문을 한다. 이러한 부모의 질문은 자녀가 왜 울고 있고, 왜 화를 내는 것인지 자녀의 상태와 마음을 알 수 있게 된다. 자녀의 상태와 마음을 아는 것은 문제를 제대로 해결하는 데 도움이 된다. 또한 자녀가 스스로의 상황과 마음을 생각하여 말하는 과정에서 해결방안도 찾을 수 있다.

③ 학습 시 틀린 답을 했을 때

자녀가 문제를 풀면서, 틀린 답을 했을 때, 부모의 첫마디는 "왜 그렇게 생각하니?"라는 질문이다. 자녀는 질문을 들으며 스스로 "실수를 했어요. 잘 모르겠어요." 등 아이가 문제를 보며 수정하기도 하고, 모르는 것에 대해서는 배울 수 있는 기회를 가질 수 있다.

④ 자녀가 많은 질문을 할 때

"엄마, 이건 뭐예요?" "이건 왜 이래요?" "이건 어떻게 해요?" 등 아이가 질문을 할 때, 부모가 해야 할 것은 '되 질문'이다. 유대인 속담에 '자녀가 질문을 할 때, 가장 지혜로운 답변은 되 질문이다.'라는 말이 있다. 아이의 질문에 "길동아, 이건 뭘까?" "길동아, 이건 왜 이럴까?" "길동아, 이 사람은 누구일까?" "길동아, 이건 어떻게 하면 될까?" 라고 되 질문을 하는 것이다. 되 질문은 자녀에게 생각할 기회를 주고, 아이가 알고 있는 것인지 모르는 것인지 파악할 수 있다. 또한 아이의 마음 상태도 알 수 있다.

부모와 자녀를 위한 홍익 하브루타 프로그램 적용 사례

① 소리치는 엄마, 지혜로운 엄마

- **교육목표: 자녀를 지혜롭게 키우기 위한 부모의 다양한 방법을 익힐 수 있다.**
- **교육대상: 영유아, 초등 부모**
- **교육방법: 강의 + 홍익 하브루타 실습**
- **교육시간: 24시간(3시간씩 8회)**
- **교육내용**

회차	제목	내용
1	부모 의미와 역할	• 자기돌봄: 나 소개하기 • 지식습득: 부모의 의미와 부모의 역할 • 적용 실습: 바람직한 부모의 역할 실습(홍익 하브루타) • 자아성찰: 지금까지 내가 해 왔던 역할은?(홍익 하브루타)
2	아동발달 이해	• 자기돌봄: 아동발달 이해가 힘들 때 언제인지 나누기 • 지식습득: 아동발달의 특성 이해하기 • 적용실습: 발달이 늦은 또는 특별한 아이 이해하기 (홍익 하브루타) • 자아성찰: 아동발달에 대해 나는 무엇을 알고 있었는가?(홍익 하브루타)
3	자녀와의 행복한 대화법	• 자기돌봄: 자녀와의 대화가 힘든 나 돌보기 • 지식습득: 자녀와의 행복한 대화법 • 적용실습: 소리 지르지 않고 대화하기(홍익 하브루타) • 자아성찰: 나는 왜 아이에게 소리 지르고 싶은가? (홍익 하브루타)
4	자녀와 즐거운 놀이법	• 자기돌봄: 자녀와 놀아주기 전 '나 먼저' 즐거워지는 법 나누기 • 지식습득: 자녀와의 즐거운 놀이법 • 적용실습: 아이들과 재미있게 놀 수 있는 방법은? (홍익 하브루타) • 자아성찰: 나와 아이 모두 즐거우려면 어떻게 해야 할까?(홍익 하브루타)
5	책 재미있게 읽기	• 자기돌봄: '진짜' 마음의 양식 쌓기 • 지식습득: 자녀와 재미있게 책 읽는 방법 • 적용실습: 책 재미있게 읽기(홍익 하브루타) • 자아성찰: 나의 독서 지도 방식은 어떠하였는가? (홍익 하브루타)

6	책으로 상상력 키우기	자기돌봄: 내가 즐거워지는 상상하기(자기돌봄)
		지식습득: 책을 활용하여 상상력 키우기
		적용실습: 책으로 상상력 키우기(홍익 하브루타)
		자아성찰: 상상은 어떤 식으로 이루어져야 하는가? (홍익 하브루타)
7	문제상황 대처하기	자기돌봄: 일상 속 문제에 지친 나 돌보기
		지식습득: 양육 문제 발생 시 대처하는 방법
		적용실습: 우리 아이 달라질 수 있어요(홍익 하브루타)
		자아성찰: 나를 가장 힘들게 하는 문제는 어떤 것인가? (홍익 하브루타)
8	행복한 부모되기	자기돌봄: 'ㅇㅇㅇ', 나 자신 행복하게 하기
		지식습득: 부모가 행복해지는 법
		적용실습: 부모와 자녀가 같이 행복해지는 대화법 (홍익 하브루타)
		자아성찰: 무엇이 나를 행복하게 하나?(홍익 하브루타)

■ 교육소감

엄마가 행복해야 아이가 행복해요

좋은 부모가 되기 위해 육아관련 책도 많이 보았고, TV나 영상도 많이 보았어요. 볼 때는 "맞아, 그렇지, 그렇게 해야지." 마음을 다잡았지만, 막상 아이와 마주하면 교육을 받았던 내용은 어느새 어디로 갔는지 사라지고 짜증나고, 화나고 아이에게 윽박지르고 소리지르는 제 모습을 발견했어요. 그러다가 이번 교육과정에 참여하면서 가장 크게 깨달은 것은 '엄마가 행복해야 아이를 행복하게 키울 수 있다.'는 것이었어요.

엄마 마음의 크기를 키워야겠어요

엄마인 나 자신을 돌보는 시간도 있고, 육아에 대해 모르고 있는 지식도 배울 수 있었어요. 그리고 배운 지식을 바탕으로 홍익 하브루타 활동을 통해 내 아이에게 어떻게 적용할 것인지 깊이 있게 생각하는 시간이 있어 좋았어요. 그리고 엄마나 아내가 아닌 '나 자신이 행복해지려면 어떻게 해야 할지' 생각하고 나누는 시간을 통해 힐링도 되고 앞으로 어떻게 살아야 할 것인지 방향도 설정하게 되었어요. 자녀를 잘 키우기 위해 교육을 받으러 왔는데 저 자신의 마음의 크기, 생각의 크기를 키우는 시간이 되었어요.

아이들과 대화하는 방법을 몸으로 익혔어요

'홍익 하브루타'라는 방식이 익숙하지 않아 8주 동안 배우고, 집에 가서 아이와 실습을 하는 과정이 만만치는 않았어요. 그러나 주 1회 교육을 받으러 오면서 다른 가족들의 실습 사례를 듣고 배운 것이 많았어요. 함께 참석한 부모님들이 고민하는 부분이 공통적인 부분이라서 공감이 잘 되었어요. 강사님께서 고민에 대해 해결할 수 있는 방향을 제시해 주는 부분은 아이와 실습을 하면서 적용을 할 수 있었어요. 처음 시작할 때와는 달리 3주 정도 지나고 나니 교육 시간과 아이와 할 실습이 기다려졌어요. 8주간 1주도 빠지지 않고 배우고 실습하는 활동으로 초등생 딸과 유아인 아들과 대화를 하는 방식을 몸으로 익힐 수 있었어요.

② 아이와 함께 하는 즐거운 만들기 놀이
■ **교육목표: 자녀와 다양한 재료로 즐거운 놀이를 할 수 있다.**

- 교육대상: 영·유아, 초등 부모와 자녀
- 교육방법: 강의 + 홍익 하브루타 실습
- 교육시간: 8시간(2시간씩 4회)
- 교육내용

회차	제목	내용
1	사물 가족 그리기 놀이	• 도입: 강사소개 및 자기소개 • 강의: '사물 가족 그리기 놀이' 방법 알아보기 및 사례 • 실습: '사물 가족 그리기 놀이' 활동하기 • 정리: '사물 가족 그리기 놀이' 활동 소감 나누기 ※준비물: 스케치북, 색연필(크레파스, 물감)
2	숲 속 재료 액자만들기 놀이	• 도입: 1주일간 사물 가족 그리기 실천 소감 나누기 • 강의: '숲 속 재료로 액자 만들기 놀이' 방법 알아보기 및 사례 • 실습: '숲 속 재료로 액자 만들기 놀이' 활동하기 • 정리: '숲 속 재료로 액자 만들기 놀이' 활동 소감 나누기 ※준비물: 나뭇가지, 나뭇잎(넓은 것, 얇은 것), 꽃 등, 스케치북
3	신호등 요리 안전 놀이	• 도입: 1주일간 사물 가족 그리기 실천 소감 나누기 • 강의: '신호등 요리 안전 놀이' 방법 알아보기 및 사례 • 실습: '신호등 요리 안전 놀이' 활동하기 • 정리: '신호등 요리 안전 놀이' 활동 소감 나누기 ※준비물: 식빵 2장, 딸기잼, 치즈, 오이

4	인형 역할 놀이	• 도입: 1주일간 사물 가족 그리기 실천 소감 나누기 • 강의: '인형 역할 놀이' 방법 알아보기 및 사례 • 실습: '인형 역할 놀이' 활동하기 • 정리: '인형 역할 놀이' 활동 소감 나누기 ※준비물: 인형 2개, 스케치북, 색연필(크레파스, 물감)

■ 교육소감

아이와 함께 하는 배움 즐거웠어요

아이와 함께 재료를 준비하러 외출을 하고, 집에 와서 준비한 재료로 작품을 만드는 활동으로 무척 친해졌어요. 그리고 어떤 목적을 가지고 놀이 활동을 하니 배움으로 유익한 시간을 가질 수 있었어요.

엄마 역할의 중요성을 깊이 깨달았어요

집중력이 짧아 매번 아이와 무언가를 하면 소리 지르고 중간에 "그만해." 하며 멈추어서 아이랑 놀아주는 것에 대한 불편함이 있었어요. 그런데 이번에 사물을 활용한 가족 그리기에서 동물로 가족을 그리는 것을 보고 집중도 잘하고 창의적인 아이디어도 있고 깜짝 놀랐어요. 아빠는 열심히 해서 개미이고 엄마는 예뻐서 나비이고, 나는 뛰는 것을 좋아해서 메뚜기이고, 동생은 나를 공격을 잘해서 사마귀를 그렸어요. 하하 호호 즐거운 시간이었어요. 이번 교육에서 아이의 집중력이 짧은 것이 아니라 엄마가 어떻게 함께 해 주느냐가 중요함을 깨달았어요.

■ 활동결과

회차	놀이테마	내용	
1	사물 가족 그리기 놀이	손가락 가족 	빵 가족
2	숲 속 재료 액자만들기 놀이	우리집 정원 만들기 	우리 엄마 그리기
3	신호등 요리 안전 놀이	식빵으로 신호등 만들기 	떡
4	인형 역할 놀이	인형으로 부모, 자녀 역할놀이 	인형들

③ 부모와 자녀가 함께하는 독서 홍익 하브루타

■ 교육목표: 다양한 장르의 책을 읽고 분석하고 홍익 하브루타하는 과

정을 통해 여러 분야에 관심을 갖는 기회를 갖는다.

- **교육대상**: 중학생 부모와 자녀
- **교육방법**: 강의 + 홍익 하브루타 실습
- **교육시간**: 18시간(3시간씩 6회)
- **교육내용**

회차	내용	추천도서장르
1	- 독서가이드: 독서는 왜 해야 할까요? - 독후활동: 인상적으로 읽은 동화나 신화 소개하기 - 홍익 하브루타: 열심히 일하면 정말 행복할까?(소가 된 게으름뱅이)	동화·신화
2	- 독서가이드: 어떤 책을 읽어야 할까요? - 독후활동: 닮고 싶은 위인 소개하기 - 홍익 하브루타: 충녕은 책 읽기를 왜 좋아했을까? 　(세종대왕)	위인전
3	- 독서가이드: 효과적인 책 읽기 방법에는 무엇이 있을까요? - 독후활동: 인문고전 중 인상에 남은 내용 소개하기 - 홍익 하브루타; 배고파 빵을 훔친 것은 진정으로 죄인가?(레미제라블)	문학
4	- 독서가이드: 책을 읽고 난 후, 독후활동을 어떻게 하면 좋을까요? - 독후활동: '나는 어떤 사회를 만들고 싶은가' 소개하기 - 홍익 하브루타: 한 사람을 희생해서 다섯 사람의 목숨을 구하는 것이 옳은가?(10대를 위한 정의란 무엇인가?)	사회

| 5 | – 독서가이드: 독후활동 한 것을 발표 잘하려면 어떻게 해야 할까요?
– 독후활동: 과학과 관련한 책 중 인상 깊은 내용 소개하기
– 홍익 하브루타: 인간의 질병치료를 위해 동물실험을 계속되어야 하는가?(생명의 위기) | 과학 |
| 6 | – 독서가이드: 관심 분야의 책 읽기는 어떻게 하면 좋을까요?
– 독후활동: 나의 꿈과 비전 계획 세우기
– 홍익 하브루타: 나의 꿈은 무엇인가?(꿈을 디자인하기) | 경제·경영 |

■ 진행사례(3회차)

▶ 독서가이드: 효과적인 책 읽기 방법에는 무엇이 있을까요?

첫째, 책을 매개로 한 독서 프로그램에 참여한다. 독서 프로그램은 책의 주제와 문제의식을 삶과 연계하여 이해하고 창의적으로 재해석하는 활동을 하게 된다. 결과적으로 책을 매개로 하는 독서 프로그램에 참여하며 독서에 대한 흥미와 방법을 배운다. 이를 통해 삶을 긍정적이고 발전적인 모습으로 변화를 이끌어 낼 수 있다.

둘째, 도서관을 자주 이용한다. 도서관에 가면 다양한 분야의 책들이 많기 때문에 책을 고르는 과정에서 전혀 읽어보지 않았던 분야에 대해서도 관심을 가질 수 있다. 또한 꾸준히 도서관을 이용하다 보면 책을 읽는 습관도 생길 수 있다.

셋째, 독서 소모임을 만들어 주도적으로 독서활동을 한다. 스스로 주도적으로 소모임을 만들어 운영하면 적극적인 독서를 할 수 있고 함께 지속적으로 책을 매개로 삶을 변화하는 데 좋은 소통하는 벗을 만날 수 있다.

▶ 독후활동: 인문고전 중 인상에 남은 내용 소개하기

책	인상에 남은 내용
펄벅의 《대지》	《대지》는 노벨 문학상을 수상한 훌륭한 작품이다. 아버지 왕룽의 이야기, 아들들 왕룽의 삼형제 이야기, 분열된 일가 왕룽의 손자 이야기로 흙과 인간의 삶이라는 주제로 그려진 작품이다. 이 책에서 가장 인상 깊게 남은 내용은 "우리는 땅에서 나왔고, 땅으로 돌아가야 해, 땅을 팔면 끝이야."라는 아들들에게 아버지 왕룽이 말하는 장면이다. 농사가 가장 중요한 시대에는 땅이 전부이지만, 상업의 발달, 기술의 발달 등으로 토지에 대한 애착심이 사라지고 삶의 변화가 일어나는 것이 인상적이었다. 앞으로 과학기술이 더 발전을 하면 어떤 것이 중요해질 것인지 생각해 보게 되었다.

▶ 홍익 하브루타: 배고파 빵을 훔친 것은 진정으로 죄인가?(레미제라블)

주제	빵을 훔친 것은 죄이므로 처벌 받아야 한다.
	○○○(함께한친구 ○○○)
찬성 (유죄)	– 살기 위해 빵을 훔친 것도 도둑질을 한 것이기 때문에 죄가 있다. – '바늘 도둑이 소 도둑 된다.'는 말이 있듯이, 빵을 훔치는 것은 더 나아가서 큰 돈과 보석까지 훔칠 수 있기 때문에 유죄이다. – '법은 모든 사람 앞에 평등하다.' 한 사람을 용서해 주면 죄를 지은 사람의 상황에 따라 용서를 해 줘야 하기 때문에 처벌 받아야 한다.

반대 (무죄)	– 자신을 위해서만 빵을 훔친 것이 아니라, 7명의 조카들을 위한 것이므로 처벌 받아서는 안된다. – 빵을 훔친 순간, 죄책감을 느꼈을 것이므로 이미 빵 훔친 것에 대한 처벌은 스스로 받았다고 볼 수 있다. – 빵을 훔칠 수밖에 없는 사회적인 구조에 문제가 있으므로 정책적인 문제도 있으므로 훔친 자만이 죄가 있는 것은 아니다.
창의적 해결	빵 집 주인에게 사과를 하고, 그에 대한 적절한 대가를 치른다. 예를 들어 훔친 빵 금액만큼 빵 집에서 일을 한다. 기초 생활이 어려운 기초 수급자들은 사회가 생존을 할 수 있도록 제도적으로 지원해 주어야 한다. 또한 사회가 장발장 같은 생계형 범죄자에게 일할 수 있는 곳을 마련해 준다.
소감	찬성과 반대의 입장에서 생각하고 홍익 하브루타를 하니 역지사지로 생각하는 것이 무척 어려웠다. 미래에 법조인이 되고 싶은 꿈이 있어 더 어려웠고, 나라면 이런 상황에서 어떻게 해야 할까 깊이 있게 생각하는 시간이었다.

■ **교육소감**

엄마: 아들이 초등 고학년이 되면서부터 서먹서먹했었는데 이번 독서 홍익 하브루타 프로그램에 참여하면서 아들과 얼굴을 보고 얘기도 하고, 소리 지르지 않고 대화다운 대화도 길게 나누었습니다. 사춘기라고 대화가 무조건 안 될 것이라고 생각했는데 주제가 주어지면 아들이 자신의 생각을 말하는 것을 보고 기특하기도 했습니다.

아빠: 바빠서 아들과 이야기할 시간이 없었는데 아들과 대화해서 좋고, 아들의 생각도 들을 수 있어 좋았습니다.

자녀: 엄마가 나의 의사는 묻지 않고 신청한 것이어서 억지로 참여하게 되었습니다. 그런데 부모님과 주제에 대해 의견을 얘기하면서 재

미도 있었고 유익했습니다. 특히 부모님과 일상적인 대화 말고 어떤 주제에 대해 심도 있게 대화를 하니 부모님이 다르게 보였습니다. 결과적으로 억지로 온 마음이 없어졌습니다. 다음 회차가 기대됩니다.

④ 책을 함께하는 아동요리 홍익 하브루타
- **교육목표**: 친구와 함께 책과 요리에 대해 하브루타를 하며 소통하는 능력을 기를 수 있다.
- **교육대상**: 영·유아, 초등 저학년
- **교육방법**: 체험 + 홍익 하브루타
- **교육시간**: 12시간(2시간씩 6회)
- **교육내용**

회차	도서	아동요리	홍익 하브루타 활동
1	안녕, 태극기!	나라 사랑 태극기 김밥	상황과 장소에 따른 태극기를 그리고 홍익 하브루타 하기
2	우리는 한 가족	우리 가족 또띠아	우리 가족의 특징을 그리고 홍익 하브루타 하기
3	재원이와 두원이의 작은 화분	지층 화분 컵밥	나만의 화분을 그리고 홍익 하브루타 하기
4	아빠와 프아니의 자동자 여행	뛰뛰빵빵 모닝빵 자동차	가족과 자동차 타고 가고 싶은 곳 그리고 홍익 하브루타하기
5	네모 세모 랄랄라	네모 세모 도형 까나페	모양과 물체를 그리고 홍익 하브루타 하기
6	고구마를 가장 맛있게 먹는 방법	말랑말랑 고구마 경단	고구마로 만들 수 있는 요리를 그리고 홍익 하브루타 하기

■ 진행사례(1회차 '안녕, 태극기!: 나라 사랑 태극기 김밥')

단계	내용	시간
1. 생각 열기	안녕, 태극기! 책 소개하기	10분
2. 생각 홍익 하브루타	상황과 장소에 따른 태극기를 그리고 하브루타 하기	30분
3. 재료 소개	요리 재료와 영양 소개	5분
4. 요리 활동	태극기 김밥 만들기	15분
5. 요리 홍익 하브루타	만든 태극기 김밥을 친구와 하브루타 하기	10분
6. 요리 먹기	태극기 김밥을 먹으며 소감 나누기	10분

■ 진행소감

- 태극기는 학교에서 애국가를 부를 때, 월드컵이나 올림픽에서 응원할 때, 경축일 등 다양한 상황에서 쓰인다는 것을 알게 되었어요.
- 태극기 김밥을 만들며 태극기에 대해 더 잘 알게 되었어요.
- 일본이 우리나라 독립군들을 가두었던 서대문형무소 옥상에 있는 태극기를 보고 감동 받았어요.
- 내가 만든 태극기 김밥을 엄마한테 선물로 줄 거예요.

(4) 경력단절여성 '나의 히든챔피언 찾기'

경력단절여성에게 숨어 있는 히든챔피언 찾기의 필요성

경력단절 여성의 특성은 결혼, 출산. 육아 등 여성의 생애주기 특성으로 인한 경력단절과 이후 노동시장으로의 복귀에 어려움을 겪는다. 특히 취업여성의 대부분은 일과 가정의 양립 도모가 어려운 환경에 직면하여 본인의 의지와는 상관없이 경력단절이 되었을 가능성이 높다. 따라서 경력단절여성의 역량을 극대화하고 여성의 자아성취를 위한 근본적인 방안이 필요하다.

경력단절여성은 무엇보다도 경제활동과 가정생활의 책임 주체로서 인식하고 바른 정체성 확립이 필요하다. '나의 히든챔피언 찾기' 홍익 하브루타 프로그램은 경력단절여성의 본연의 심리 욕구를 회복하고 자신만의 강점인 '나의 히든챔피언'을 찾아서 높은 자기효능감으로 사회의 주체가 되기 위한 과정이다.

경력단절여성의 '나의 히든챔피언 찾기' 프로그램 적용 사례

(출처: 조윤성, '히든챔피언 기반 하브루타 코칭 프로그램이 경력단절 여성의 자기효능감 및 자기회복탄력성에 미치는 효과 분석', 2018)

- **교육대상: 경력단절여성**
- **교육인원: 45명**
- **교육방법: 강의 + 홍익 하브루타**
- **교육시간: 18시간(3시간씩 6회)**
- **교육목표**
  - 히든챔피언의 기업에 한정되어 있던 의미에서 개인에게 확장한 의

미를 이해하고 그 중요성을 인식한다.
- 히든챔피언 진로모형을 이해하고 단계별 스스로 참여를 통해 '나의 히든챔피언 찾기'를 한다.
- '나의 히든챔피언 찾기'를 통해 자기효능감을 높여 사회에 진출하고자 하는 용기를 갖게 한다.

■ **교육내용**

구분	내용
히든챔피언 진로모형 이해	– 히든챔피언의 확장적 개념 이해 – 나의 히든챔피언 빌딩의 중요성 인식 – 히든챔피언 진로모형 이해
'나' 이해하기	– 나에 대해 질문하고 답하기 – 나의 관심과 흥미 분야 찾기 – 나의 적성 찾기
'나' 강점 찾기	– 나의 강점 찾기 핵심 칭찬 원리 이해 – 나의 강점 찾기를 위한 '나 칭찬하기' – 나의 강점 키워드로 관련 있는 직업 탐색하기
'나' 개발하기	– 나 개발을 위한 홍익 하브루타 이해 – 홍익 하브루타 방식으로 나의 전문성 개발하기 – 나의 전문성 개발내용 정리하기
'나' 계획하기	– 나의 인생 중·장기 계획 수립하기 – 나의 인생 단기 계획 수립하기 – 인생계획 달성을 위한 실천계획 수립하기

■ 진행사례

▶ '나' 이해하기

나의 성격 특성과 흥미와 적성을 파악하여 나를 깊이 있게 이해해 가는 단계이다. 나에 대해 질문하고 답해 보는 활동을 한다.

〈표: 나에 대해 질문하고 답하기 실습 사례〉

질 문	대 답
나는 무엇을 좋아하나?	나는 운동하기를 좋아한다.
나는 무엇을 잘 하나?	사람들과 소통을 잘 한다.
내가 이루고 싶은 것은 무엇인가?	교육을 통해 더 나은 세상을 만들고 싶다.
나는 어떤 일에 보람을 느끼나?	다른 이를 긍정적으로 변하게 하는 일에 보람을 느낀다.
나의 버킷리스트는 무엇인가?	전 세계 여행하기, 미국에서 출판하기 등 여러 가지가 있다.

나의 성격 특성이나 흥미와 관심에 대해 좀 더 명확한 생각의 정립을 하기 위해 '흥미와 관심 찾기' 홍익 하브루타를 실시한다.

〈표: 나의 흥미와 관심 찾기 홍익 하브루타 실습 사례〉

주제	나의 흥미와 관심이 무엇인지 모르겠다. 어떻게 흥미와 관심을 찾아야 할까?
성명	○○○(함께한 친구 ○○○)

정리	– 어떤 책을 읽는지 목록을 확인한다. – 학교 다닐 때 좋아했던 과목이나 흥미 있던 활동이 무엇인지 정리해 본다. – 밤을 새거나 나의 에너지를 쏟아 부으면서 몰입했던 활동을 찾는다.
정리	– 자신에게 스스로 질문하고 답을 하는 과정에서 자신이 어떤 사람인지 생각해 본다. – SNS에서 검색하는 내용이나 시간을 많이 할애하는 것은 관심이 있는 것이다. – 남들에게 말할 때 시간 가는 줄 모르고 즐겁게 말하는 것이 관심과 흥미이다. – 관심 있게 보는 TV 프로그램이 내가 관심과 흥미가 있는 것이다. – 하고 싶어하는 것은 나의 흥미와 관심이 있는 것이다.
소감	홍익 하브루타를 짝꿍과 하면서 내가 좋아하고 흥미와 관심이 있는 것이 무엇인지 생각해보게 되었다. 흥미와 관심이 가는 분야를 찾아도 '이것이 진짜 나의 흥미일까' 하는 의구심이 또 생겼던 것이다. 이 주제가 내게 필요한 것이라서 향후에 홍익 하브루타를 하면서 더 깊이 있게 알아보고 싶다.

▶ '나' 강점 찾기

나의 강점을 파악하고 집중화한다. 나의 강점을 파악하기 위해 나 자신을 칭찬한다.

〈표: 나 칭찬하기 실습 사례〉

칭찬 팁	○○아(이름), 힘들어도 최선을 다하는(구체적인 태도나 행동) 네가 기특해(격려 메시지).

나 칭찬하기	○○아, 어떤 상황에서도 긍정적인 마음을 가진 네가 참으로 대단하구나.
	○○아, 항상 배우고 발전시키는 모습이 진심으로 자랑스러워.
	○○아, 가족들을 위해서 주말에도 열심히 일하는 모습이 징말 뿌듯해.

칭찬한 것 중에 집중하고 싶은 강점 키워드 3가지를 찾고 키워드와 관련하여 내가 할 수 있는 직업을 탐색한다.

〈표: 나의 강점 키워드로 할 수 있는 직업 탐색 실습 사례〉

강점 키워드	노력, 호기심, 선한 영향력
직업 탐색 1: 교육 공무원	초·중·고등학교 및 대학교의 행정실, 총무과, 교무과 등에서 교육행정업무를 계획하고 시행하며 각종 보고서나 문서를 기안, 보고하고 기타 교육행정에 관련된 업무를 수행한다.
직업 탐색 2: 유튜브 크리에이터	동영상 플랫폼인 '유튜브'에서 동영상으로 리뷰, 개인 방송 등을 올리는 사람들을 일컫는 말이다.
직업 탐색 3: 사회복지사	청소년, 노인, 여성, 가족, 장애인 등 다양한 사회적, 개인적 욕구를 지원한다.

나의 강점을 살리는 일을 선택할 것인지 아니면 안정적인 일을 선택할 것인지 홍익 하브루타를 통해 일 선택에 대한 명확한 방향을 설정한다.

⟨표: 강점 살리는 일 VS 안정적인 일 홍익 하브루타 실습 사례⟩

주제	불규칙하지만 강점을 살려 좋아하는 일을 선택해야 할까?(찬성) 아니면 좋아하지는 않지만 안정적인 일을 선택해야 할까?(반대)
성명	○○○(함께한 친구 ○○○)
찬성	– 좋아하는 일을 해야 성과가 일어날 수 있고 그 성과로 안정적인 삶을 살 수 있다. – 좋아하는 일을 하는 것이 정신적으로 건강하다. – 좋아하는 일을 하는 것이 행복하다.
반대	– 좋아하는 일은 취미로 해야 하고 일로 하면 싫어질 수 있다. – 일정한 수입이 있어야 행복하다. – 경제적인 안정이 되지 않으면 내가 하고 싶은 일도 할 수 없다.
창의적 해결	좋아하는 일을 하되, 일정한 수입이 있는 직군을 알아본다. 예를 들어 운동선수 생활을 할 수는 없어도 관련 있는 운동처방사나 운동연구원 등으로 일을 할 수 있다.
소감	홍익 하브루타를 하면서 좋아하는 일을 집중해서 할 수 있게 직업군을 잘 찾아야 한다는 것을 알게 되었다. 생각의 확장이 일어나는 시간이었다.

▶ '나' 개발하기

나의 강점 찾기를 통해 나만의 전문성을 개발하는 단계이다. 연관 정보 검색 및 분석을 통해 나의 전문성을 개발한다.

〈표: 나의 전문성 개발하기 실습 사례〉

문제인식	우리 아이들을 인재로 어떻게 만들지?
연관 정보 검색	인재육성 방법에 관련된 정보 검색
연관 정보 분석	유대인 인재육성법 하브루타
가설수립	하브루타를 한국에 어떻게 적용할까?
검증	10년간 수 천 번 하브루타 유아에서부터 노인까지 적용
문제 해결	글로벌 교육코드 홍익 하브루타 프로세스 개발

나의 강점을 개발할 수 있는 방법에는 어떤 것들이 있는지 홍익 하브루타를 통해 알아본다.

〈표: '나 개발하기' 방법에 대해 홍익 하브루타 실습 사례〉

주제	'나 개발하기 방법'에는 어떠한 것들이 있을까?
성명	○○○(함께한 친구 ○○○)
정리	– 나를 개발하기 위해 인터넷 검색을 통해 자료를 검색하고 정보를 수집한다. – 수집한 정보를 바탕으로 내용을 정리 분석하여 나를 보다 심도 있게 개발할 수 있는 방향을 모색한다. – 혼자 정보검색을 할 수 없거나, 개발하는 것에 대한 방법이 막힐 때에는 멘토를 찾아가 조언을 구한다. – 나의 전문성 분야에서 일하는 사람이나 단체에 조언을 구한다.
소감	나의 전문성을 개발하는 것에 대한 다양한 방법을 알아볼 수 있는 기회가 되어 좋았다. 정보수집, 분석 그리고 더 깊은 개발을 위해서는 전문가를 찾아가 조언을 구하는 것에 대해서도 생각할 수 있어 좋았다. 나는 누구를 찾아가 나의 전문성 개발을 더 폭넓고 깊게 할 수 있을지 전문가를 찾아보는 활동도 해 봐야겠다.

▶ '나' 계획하기

나의 단기·중기·장기계획을 수립하고 비전 체계도를 그려보는 단계이다. 나의 인생 3모작 계획을 수립해 본다.

〈표: 나의 인생 3모작 계획 수립하기 실습 사례〉

성명	○○○
나의 목표	사람들의 마음을 편하게 해 주는 '인생 진로 상담가'
1모작 커리어 개발시기	– 초중고 학생들에게 1:1 학습 과외 가르치기 – 교육회사에서 학부모 상담하기, 선생님 육성하기, 인사 업무 하기
2모작 커리어 발현시기	– 개인의 재정 플랜과 인생의 방향을 잡아주는 경제 진로 상담가로 활동하기 – 내적으로 힘들어 하는 사람에게 마음을 편안하게 할 수 있는 마음수련 방법 알려주기
3모작 커리어 기부시기	소외된 계층의 어린이, 청소년, 여성들이 편안하게 자신의 인생을 살 수 있게 도와주기

급변하는 시대에 100세까지의 장기적인 계획을 세우는 것이 필요한지 홍익 하브루타를 통해 생각해 본다.

〈표: 중장기 계획 수립에 대한 홍익 하브루타 실습 사례〉

주제	100세 시대에 필요한 중장기 계획을 세워야 한다(찬성 VS 반대)
성명	○○○(함께 홍익 하브루타 한 친구 ○○○)

찬성	– 계획적인 삶을 위해 중장기 계획이 필요하다. – 재무적 관점에서도 중장기 계획이 필요하다 – 가족 및 주변인들과의 관계형성에도 중장기 계획이 필요하다.
반대	계획은 계속 달라질 수 있으므로 중장기보다는 단기계획이 중요하다. – 현재의 삶의 만족을 위해서는 굳이 중장기 계획이 필요하지 않다 – 지나친 미래 계획은 현재의 삶을 어렵게 하는 요인이 된다.
창의적 해결	세상이 빠르게 변화한다고 해도 나의 삶을 장기적인 측면에서 계획을 세워보는 것이 필요하다. 다만, 장기적으로 세운 계획을 현재의 상황과 여건에 따라 수정하여 실행한다.
소감	현재의 나의 모습과 미래의 나의 모습을 생각해보고 나는 미래를 어떻게 계획하고 준비해야 하는지에 대해서 깊게 생각해 보는 시간이었다.

■ 교육소감

① 배운 점

· 나의 히든챔피언이 되는 조건이 내가 잘하는 것, 좋아하는 것에서 시작하게 된다는 것을 배웠다.

· 내가 좋아하는 일을 질문, 대답, 질문, 대답을 여러 번 계속하면서 창의적인 나만의 직업이 생겨날 수 있고, 만들어 갈 수 있다는 것을 알았다.

· 나의 삶을 한 눈에 들여다보고 무엇을 하고 어떻게 살아야 할지 가야 할 길을 알게 되었다.

· 내가 잘하는 것, 내가 흥미가 있는 것이 무엇인지를 알게 되었고,

더 나아가서는 내가 앞으로 어떤 일을 해야 될 지도 알게 되었다.

- 나 스스로를 객관적으로 깊게 들여다보는 시간을 가져본 적이 없다. 내가 잘하는 것을 찾고, 내가 할 수 있는 일 중에 미래성장 가능성이 높은 일을 찾고 객관화하여 바라본 나의 강점을 찾아볼 수 있었다.
- 현재 내가 계획하고 있는 생각들을 구체화해 볼 수 있었으며 다양한 직업군과 직업개발도 가능하다는 것을 알게 되었다.
- 어떤 진단도구가 아닌 나 스스로 나에 대해 자기이해를 보다 심도 있게 할 수 있다는 것을 알게 되었다.
- 홍익 하브루타라는 방식은 내 안에 요동쳤던 잠재의식을 끄집어내어 '나'라는 사람을 재확인해 보며 '나의 정체성'을 찾고 진정 내가 하고 싶은 것은 무엇인지 생각해 보는 시간이었다.
- 다양한 나를 진단하는 도구들이 '나 이해하기'를 하는 방법인 줄 알았는데 나 스스로의 어린시절 꿈부터 지금까지 살아오며 꿈과 비전의 변천사도 되돌아보게 되고 모든 것을 열린사고로 대할 줄 알게 되었다. 그러면서 자유롭게 나 자신을 탐색할 기회를 얻었고 희망도 생겼다.

② 느낀 점

- 내가 좋아하는 것, 즐거워하는 것, 재미있어 하는 것을 찾아보고 그것을 직업군과 연관지어 보는 활동이 좋았다.
- 지금까지 '내가 무엇을 좋아하고, 무엇을 하고 싶어하는 지' 나에 대해 깊이 있게 생각할 수 있어 의미가 있었다.
- 내가 좋아하는 것이 무엇인지 잘하는 것이 무엇인지 나의 꿈이 무

엇인지 생각하고 적어 보고 구체적인 조사도 해 보면서 나에 대해 '나도 할 수 있겠지? 한번 도전해 볼까.' 하는 마음이 들었다.

- '엄마'라는 직함을 떼고 오롯이 나를 들여다보는 철학적인 시간이 었다. 꿈을 이루지 못하고 가족 구성원으로서의 삶을 살아서인지 '자아'를 찾는 작업은 가슴을 뛰게 한다.

- '나의 히든챔피언 찾기' 프로그램을 하면서 내 안에 숨어 있는 나의 히든챔피언을 만났다.

- '나도 무엇인가 할 수 있구나, 내가 이런 걸 잘하는구나.' 하고 많은 생각을 하게 하는 프로그램이었다.

- 홍익 하브루타로도 '내가 좋아하는 일을 찾을 수 있구나.'라고 느꼈다.

- 나 스스로 어떤 사람일까 생각했는데 조금 더 자기계발이 필요하다고 느꼈다.

- 나를 탐색하고 나 자신이 자신을 아는 것, 자기 탐색을 위한 시간을 보낼 땐 홍익 하브루타 방식이 효과적이라고 느꼈다.

- 내가 나 자신에 대해 질문하며 답할 때, 나를 스스로 받아들이고 자연스럽게 인정할 수 있어 좋았다.

③ 실천할 점

- 아이들과 함께 직업과 진로 탐색을 홍익 하브루타로 진행해 봐야겠다.

- 홍익 하브루타를 제대로 공부하고 싶다. 훗날, 지금 글쓰기 활동을 하고 있는데 글쓰기와 홍익 하브루타를 접목한 나만의 일을 찾아보고 싶다.

- 나의 장점과 하고 싶은 일을 직업으로 좀 더 깊이 현실화시키고, 그간 미뤄뒀던 직업과의 연결을 고민해야겠다.
- '나의 히든챔피언 찾기'에 참여하면서 아이에게 꿈이 무엇이냐고, 하고 싶은 일이 무엇이냐고 물을 때 '아이고 참 힘들겠구나!' 하는 생각을 하였다. 아이들이 살아보지 않은 미래를 생각하고 꿈을 찾을 수 있게 이 프로그램을 잘 적용해 보고 싶다.
- 지속적으로 나의 히든챔피언을 찾고 개발하여 좀 더 발전된 '나' 자신을 발견하고 싶다.
- 내가 나에 대해 알고 있는 건 이름 석자였을지도 모른다. 조금 더 자주 자신을 바라보는 시간을 갖고 싶다.
- 나의 히든챔피언의 발견으로 좀 더 내가 바라고자 하는 방향으로 작은 성취를 스텝 바이 스텝으로 이루어야겠다.

경력단절여성의 '나의 히든챔피언 찾기' 홍익 하브루타 교육 실시 후, 효과검증 결과는 다음과 같았다.

첫째, 경력단절여성들의 자율성이 높아졌다.

'나의 히든챔피언 찾기' 교육 전과 후의 설문조사 결과, 교육 후에 경력단절여성들의 자율성이 높은 것으로 나타났다.

둘째, 경력단절여성들의 자기효능감이 높아졌다.

경력단절여성들의 자기효능감의 하위요인인 자신감, 자기조절 효능감, 과제의 난이도, 귀인이 높아진 것으로 나타났다.

셋째, 경력단절여성들의 회복탄력성이 높아졌다.

경력단절여성들의 회복탄력성의 하위요인인 자기조절능력, 대인관계능력, 긍정성이 높아지는 것에 긍정적인 영향을 미치는 것으로 나타났다.

(5) 군인 '미래 비전 설계'

군대에서 역량개발을 해야 하는 필요성

  기술의 진보, 사회 문화적 그리고 경제에 급격한 변화를 의미하는 4차산업혁명시대는 일과 일터의 미래지도를 바꾸고 있다. 시대의 변화에 맞는 전문역량을 개발해야 하는 20대 초·중반 중요한 시기에 우리나라 청년들은 군에 입대하여 국방수호의 의무를 한다. 나라를 지켜야 하는 대명제와 배움과 경력의 단절이라는 개인의 딜레마 속에서 군 입대는 부정적인 시각이 지배적이다. 반면 이스라엘은 우리나라와 비슷한 국방의 의무를 수행함에도 불구하고, 청년들이 나라를 구한다는 개념을 가지고 시작한 군 인재육성 프로그램인 탈피오트에서 인재를 육성하는 대표적인 방법 중 하나가 바로 홍익 하브루타이다.

  우리나라 군대에도 강제성을 지닌 징집제로 2년 여간의 군복무를 시간 낭비라고 생각하는 군 장병들에게 수동적인 지식 학습자를 탈피하여 스스로 지식을 구성하고 재조직할 줄 아는 능동적인 존재로서 내재적 학습 동기유발과 군복무의 만족도 향상을 통해 지속적인 흥미와 창의적인 교육프로그램이 필요하다.

군인의 '비전 설계를 위한 독서 홍익 하브루타' 진행 사례

- **교육대상: 군인**
- **교육인원: 60명**
- **교육방법: 독서 + 강의 + 홍익 하브루타**
- **교육시간: 12시간(2시간씩 6회)**

■ 교육목표

· 나 자신이 무엇을 잘하는지 탐색할 수 있다.

· 좋아하고 잘하는 것으로 나의 삶을 어떻게 준비할 것인지 생각해 보고 인생 3모작 계획을 수립할 수 있다.

· 바람직한 리더와 부모상을 그려보고 구체적인 인생 실천 계획서를 작성할 수 있다.

■ 교육내용

회차	주제	내용	추천도서
1	나 자신 믿기	− 독서가이드: 독서의 중요성 인식 − 홍익 하브루타: 피그말리온 효과 가능한가?	《긍정의 힘》 (조엘 오스틴 저)
2	나의 삶 준비하기	− 독서가이드: 효과적인 독서방법(책 읽기) − 홍익 하브루타: 나의 삶을 어떻게 준비할 것인가?	《유대인의 성공코드 Excellence》 (헤츠키아리엘리 저)
3	인생 3모작 그려보기	− 독서가이드: 효과적인 독서방법(책 고르기) − 홍익 하브루타: 나의 인생 3모작 계획세우기	《창문 넘어 도망친 100세 노인》 (요나스 요나손 저)
4	바람직한 리더상 찾기	− 독서가이드: 효과적인 독서방법(메모하기) − 홍익 하브루타: 어떤 리더가 될 것인지 성찰하기	《섀클턴의 위대한 항해》 (알프레드 렌싱 저)
5	좋은 부모상 그려보기	− 독서가이드: 효과적인 독서방법(발표하기) − 홍익 하브루타: 어떤 부모가 되고 싶은가	《아버지 고맙습니다》 (신현락 저)

| 6 | 인생 설계도 그리기 | – 독서가이드: 효과적인 독서방법(목적 독서하기)
– 홍익 하브루타: 인생설계와 구체적인 실천서약서 발표하기 | 《단 한장의 인생 설계도》
(팀 클라크 외) |

■ **진행사례(회차별 홍익 하브루타 중심)**

▶ 1회차: 나 자신 믿기

주제	피그말리온 효과 가능하다(찬성 VS 반대)
성명	일병 ○○○(함께한 친구 이병 ○○○)
찬성	– 내가 기대하고 있는 것은 나의 행동에 영향을 미칠 수밖에 없으므로 피그말리온 효과가 가능하다. 마음 속으로 목표를 세우고 해야겠다고 의지를 가지면 세상 속 흘려 보냈던 것들에 관심을 갖게 되고 할 수 있는 구체적인 방법을 알게 되어 실천하게 된다. – 군대에 와서 체력단련을 할 때, 불가능하다고 생각했던 것을 할 수 있다고 믿고 했는데 달성했다. 피그말리온 효과가 증명된 것이다.
반대	– 키가 작은 사람이 클 수 있다고 믿는다고 해서 원하는 만큼 성장하는 것이 아니므로 피그말리온 효과는 가능하지 않다. – 전혀 할 수 없는 불가능한 상황을 할 수 있다고 믿는 것은 현실을 직시하지 않은 망상이 될 수 있다.
창의적 해결	'기대를 가진 만큼 기대치를 갖은 사람으로 살게 된다.'는 생각이 든다. '너는 아무 것도 아니다'라고 생각한다면 아무 것도 아닌 사람으로 살게 되는 것이다. 피그말리온 효과는 있으므로 하고자 하는 일이 있다면 꿈을 꾸고 목표를 세우고 실행해 보자.

소감	함께한 장병과 대화를 나누며 다른 팀들의 발표를 들으며 내가 생각했던 것보다 다양한 의견이 나온다는 것이 매우 흥미로웠다. 주제에 대해 나의 의견을 말하면서 나의 논지가 빈약하다는 것을 느꼈다. 어떠한 주제에 대해 섣불리 판단해서는 안 된다는 것을 깨닫는 시간이었다.

▶ 2회차: 나의 삶 준비하기

주제	진학을 할 것인가 VS 취업을 할 것인가
성명	상병 ○○○(함께한 친구 일병 ○○○)
찬성 (진학)	− 현재 무언가를 이루고자 하는 것이 없다면 대학원 진학을 해서 더 넓고 전문적인 지식을 습득하여 앞으로 무엇을 할 것인지 방향을 찾는 것이 필요하다. − 보다 전문적인 것을 배우는 것은 전문적인 일을 선택할 가능성이 높기 때문에 경제적 여건이 된다면 대학원을 진학하는 것도 좋은 방법이다.
반대 (취업)	− 대학원을 진학한다 한들 남들 하는 대로 적당히 성적과 스펙을 걱정하며 바람 부는 대로 흔들리는 학교생활을 하게 될 것이다. − 사회현장에 뛰어 들어 일을 하면서 내가 꼭 하고 싶어 하는 일을 찾는 것이 현명하다고 생각한다.
창의적 해결	먼저 내가 무엇에 관심이 있고 잘할 수 있는지를 생각하는 것이 중요하다. 내가 하고 싶어하는 것이 대학원을 진학하여 전문적인 것을 더 배워야 하는 것이라면 대학원에 진학하고, 현장에 나가 일을 하는 것이 더 나은 것이라면 취업을 택한다.
소감	대한민국의 청년들은 20대 초반에 군에 입대하여 군 생활을 하게 된다. 군대에서 앞으로 나의 삶을 어떻게 살 것인지 깊이있게 고민하고 방향을 설정하는 시간을 가져야겠다는 생각을 하게 되었다.

▶ 3회차: 나의 인생 3모작 계획 세우기

성명	일병 ○○○
나의 목표	지구를 사랑하는 친환경 자동차 개발자
1모작 (25세 ~ 40세) 커리어 개발 시기	– 대학생으로서 관련된 전공 공부하기 – 다양한 대회 및 세미나를 참여하여 실제로 경험해 보며 배워 안목 넓히기 – 취업하여 '친환경 자동자 개발'이라는 커리어 만들어 가기
2모작 (41세 ~ 55세) 커리어 발현 시기	– 연구원으로서 친환경 자동차 개발에 몰두하기 – 친환경 자동차의 상용화를 위해 문제점을 해결하고 장점을 극대화시키기 – 친환경 자동차를 개발하여 상용화하기
3모작 (56세 ~) 커리어 기부 시기	– 어린이들에게 친환경의 중요성 알려주기 – 지구를 살리는 친환경 운동가로 활동하기 　→ 깨끗한 환경 후손에게 물려주기 – 깨끗한 환경 만드는 방법을 '책'으로 출간하여 널리 알리기
소감	100세 시대에 나는 멀리 100세까지 어떻게 살 것인지 계획을 세워본 적이 없었다. 대학을 졸업하고 무엇을 할 것인지 막연했었는데 이번 인생 3모작 계획을 수립하며 어떻게 살 것인지 깊게 고민하는 시간이 되었다.

▶ 4회차: 바람직한 리더상 찾기

주제	강한 리더 VS 부드러운 리더
성명	상병 ○○○(함께한 친구 일병 ○○○)
강한 리더	- 강한 리더십을 가진 리더는 자신의 신념이 있어 중요한 결정을 내릴 때, 소신을 갖고 결정을 내린다. - 전략적인 측면에서 바라볼 때 강한 리더가 더 신뢰감이 간다. - 위급한 상황에 강한 리더의 리더십이 많은 사람을 살릴 수 있다.
부드러운 리더	- 부드러운 리더는 외유내강인 경우가 많다. - 다른 사람들의 의견을 경청하고 수용하여 신중하게 결정을 내린다. - 사람을 누르는 힘이 아닌 포용하는 리더가 이 시대에 더 필요하다.
창의적 해결	강한 리더십과 부드러운 리더십이 모두 리더에게는 필요하다. 위급한 상황에서는 강한 리더십이 필요하고, 신중하게 의사결정을 해서 해결해야 하는 문제에 대해서는 부드럽게 포용하는 리더십이 필요하다. 결과적으로 훌륭한 리더는 강함과 부드러움의 균형이 있는 리더이다.
소감	이번 홍익 하브루타 활동을 하며 '나는 어떤 리더가 되고 싶을까'라는 질문을 하고 답을 찾으려고 노력을 하였다. 나는 문제에 대해 부드러운 리더로 경청, 수용하고, 실행에 옮길 때는 강한 리더가 되어야겠다는 나의 리더상을 어렴풋하게나마 찾았다.

▶ 5회차: 좋은 부모상 그려보기

성명	병장 ○○○
활동내용	아버지에게 편지쓰기, 미래의 아들에게 편지쓰기
나의 아버지께 쓰는 편지	아버지께 어머니와 다투지 않고 화목한 모습을 보여 주셔서 감사합니다. 가장 낮은 직급부터 시작하셔서 일에 치이며 사셨을 텐데 가족 때문에 참고 견디며 살아오신 아버지를 존경합니다. 제가 하고 싶은 것을 할 수 있도록 좋은 환경을 만들어 주셔서 고생 안하고 편하게 살아왔습니다. 군대 오기 전, 아버지가 악수를 하자고 했을 때, 악수를 하며 저는 깜짝 놀랐습니다. 첫째는 아버지의 거칠어진 손을 보고 참 열심히 살아오셨구나 하는 생각이 들어서였습니다. 둘째는 군대 가는 아들의 손을 꽉 잡아 주셨을 때, 그 따뜻함 때문이었습니다. 아버지! 아버지의 아들, 어머니의 아들로 태어나게 해 주셔서 감사합니다. 아버지 노후에 제가 함께 행복한 시간을 만들어 드리겠습니다. 아버지, 사랑합니다. 곧 휴가입니다. 휴가 때 뵙겠습니다.
미래의 나의 아들에게 쓰는 편지	미래의 나의 아들에게 아들이 이런 사람이 되었으면 하는 바람을 몇 가지 문장으로 적어본다. – 몸과 마음이 건강한 사람으로 자라거라. – 네가 하고 싶은 일을 하면서 사회에 도움이 되는 사람으로 살거라. – '사랑'하며 살거라. 나, 가족, 이웃까지도 말이다. 아들에게 이렇게 편지를 쓰고 나니, 아빠도 더 열심히 살아야겠다는 생각이 드네. 아들, 사랑한다. 우리 곧 만나자.
소감	아버지께 성인이 되어 처음 써보는 편지였습니다. 어색하고 무어라 써야 할지 고민되었는데 이렇게 편지를 쓰고 나니 아버지께 한없이 감사한 마음이 들었습니다. 그리고 미래의 아들에게 편지를 쓸 때, 입가에 미소가 피어올랐습니다. 가족에게 편지쓰기 활동을 통해 가족의 중요성과 사랑을 많이 느끼는 시간이었습니다.

▶ 6회차: 인생 설계도 그리기

[나의 일에 대한 비전 설계도]

성격
성격: 사교형으로 사람들과 친밀하게 지내 간호사에 적합하다.
적성: 책임의식과 안전의식이 투철하여 간호사에 적합하다.

능력
능력: 대인관계지능, 공간지능이 있어 타인의 감정과 관계에 대처하는 직업간호사가 적합하다.
소질: 손재주가 많다. 세심한 손길이 필요한 간호사를 해낼 수 있다.

간호사

흥미
흥미: 진취형, 사회형이다.
특징: 통솔력과 지도력을 발휘하여 타인을 선도하고 그 결과로 인정받고 결실이 얻어지는 직업인 간호사가 적합하다.

가치관
가치관: 정치형, 심미형이다.
특징: 직업생활을 통해 아름다움을 찾고 순수한 삶을 지향하는 가치관을 성취할 수 있으면 좋다.

직업 연구

정보수집

- 신문, 자료 스크랩

- 인터넷 사이트

  커리어 넷, 한국대학교육협의회 등

- 상담
  직업에 대한 상담을 해주는 기관을 찾아 구체적인 직업에 대한 상담요청

직업에 대한 전망

- 보수: 전문직으로 ○○○~○○○ 만원

- 안전성: 간호사의 활동과 분야가 늘어나고 해외취직의 길도 넓어 안정성 높음

- 발전가능성: 향후 고용증가가 예상됨

  건강에 관한 관심이 높아져 의료 서비스 증가 예정

직업 전문가 인터뷰

- 간호사로서 보람과 힘든점은?

- 현재 고등학교 1학년인 제가 어떠한 학창시절을 보내야 할까요?

- 간호사의 평균적인 수입은?

- 간호사가 되기 위해 어떻게 해야 하나요?

[나의 일을 하기 위한 실천서약서]

나의 실천 서약서

○○○은 사람의 건강을 회복시키는 간호사가 되겠습니다.

○○○은 간호사가 되어 이 세상에 아픈 사람들이 건강을 회복할 수 있게 도움이 되겠습니다.

○○○은 간호사가 되기 위해서

첫째, 현재 공부하고 있는 간호 관련 전문지식을 쌓는 것을 실천하겠습니다.

둘째, 병원에서 실습을 통해 실질적인 간호사 역할을 배우는 것을 실천하겠습니다.

셋째, 사명감을 갖고 일할 곳을 연구하여 찾는 것을 실천하겠습니다.

넷째, 아픈 사람들이 건강을 회복할 수 있게 전문성과 정성을 다할 것을 실천하겠습니다.

다섯째, 건강을 회복시키는 간호사가 되기 위해 평생 배우고 적용하는 것을 실천하겠습니다.

○○○은 나의 실천 서약서를 지킬 것을 서약합니다.

_____년 __월 __일

서 약 인: ○ ○ ○ (인)

■ 교육소감(장병)

성명	○○○ 이병
배운 점	1회차 때 배웠던 '피그말리온 효과'라는 것에 대해 많은 것을 생각하고 배웠다. 자기 암시가 작은 실천이지만 얼마나 많은 긍정적인 효과를 불러올 수 있는지 알게 되었다. 또한 칭찬의 중요성과 올바르게 칭찬하는 방법을 배워 나도 함께 군 생활을 하는 장병과도 좋은 관계를 만들 수 있었다. 아버지에게 편지 쓰는 시간에는 감사함과 감동이 있어 뭉클했다. 매 회차마다 주제에 대해 하브루타를 하는 시간에 모르는 장병들과 대화를 깊이 있게 할 수 있다는 것을 배웠다.
느낀 점	사회에서는 대학 공부에 치여서 혹은 일을 하느라 바빠서 책을 잘 읽지 못했다. 이번 독서 홍익 하브루타를 통해 군대에도 책이 많고 마음만 먹으면 얼마든지 읽을 수 있다는 것을 깨달았다. 앞으로 군 복무 중, 도서관에서 나의 진로와 관련이 있는 책을 많이 읽고 미래를 준비해야겠다고 생각했다. 이번 교육을 통해 얻은 것을 한 문장으로 표현해 보았다. '책은 한 사람의 변화뿐만 아니라 주변 환경까지도 긍정적으로 변화시킨다.'
실천할 점	− 매일매일 나 자신을 칭찬하고 긍정적인 나의 삶을 만들겠다. − 군에서 책을 읽은 후에 누군가와 대화를 통해 깊이 있게 이해하는 시간을 갖겠다. − 앞으로 나에게 후임이 생긴다면 후임이 잘못한 것에 대해서 다그치기보다는 격려와 칭찬으로 바른 길로 인도하겠다. − 역지사지의 자세로 상대방의 입장을 이해하고 배려하는 사람이 되겠다. − 부모님께 자주 연락드리는 아들이 되겠다.

■ 교육소감(장교)

성명	○○○ 대한민국 소위
배운 점	나는 누구인가에 대해 고민해 보는 시간을 많이 가지면서 스스로를 되돌아보는 시간의 소중함을 배웠다. 책 읽는 것의 중요성도 많이 깨달았다. 부모님, 가족과의 일상은 기적이라는 것을 배웠고, 더 많은 시간을 함께 해야 됨을 배웠다. 남과 나는 다른 존재이고 틀린 존재가 아님을 배웠다. 타인에 대한 고정관념과 편견을 더욱 줄이고 서로를 이해하고 배려하기 위해 노력해야겠다고 생각했다. 군에서의 시간을 나의 미래의 비전을 설계하는 시간으로 활용해야겠다는 것을 배웠다.
느낀 점	먼저 누구나 받을 수 있는 교육이 아님에도 이런 좋은 기회를 갖게 된 것에 대해 부대 및 강사님께 감사하고 스스로를 행운아라고 느꼈다. 내가 속한 조직, 군이라는 존재의 목표와 역할에 대해서 많이 고민해 볼 수 있었고, 앞으로 나아가야 할 방향에 대해서도 거시적으로 생각해 보았다. 그리고 지금 내가 살아가고 있는 1분 1초는 너무나 아깝고 소중한 시간으로 헛되이 보내지 말아야겠다고 느꼈다. 해결해야 할 것에 대해 생각하고 고민하고 실천하여 '일신우일신'하는 삶을 살아야겠다고 느꼈다.
실천할 점	매일 스스로를 되돌아보고 글로 마음에 담았던 이야기를 정리하는 일기쓰기 시간을 갖고 실천해야겠다. 책을 곁에 두고 한 줄이라도 매일 책을 읽자. 다양한 장르의 책을 읽자. 휴가 때 가족과의 일상을 최대한 즐기고, 부모님과 누나에 대해 더 많이 물어보고 가족을 알아가는 시간을 가져야겠다. 부대원들에게 관심과 사랑을 좀 더 갖고 역지사지의 입장에서 생각하고 배려해주어야겠다. 나의 인생 3모작을 수립한 것을 점검하고 계속 발전된 방향으로 나아가야겠다. 나에 대해 2분 스피치할 수 있는 준비를 해두어야겠다.

군 장병의 비전 설계를 위한 독서 홍익 하브루타 교육 실시 후, 다음과 같은 결과가 나타났다.

첫째, 장병들에게 능동적인 학습환경을 스스로 만드는 긍정적인 효과가 있었다.

수동적인 학습방법이 아닌 두 사람이 짝을 이루어 질문과 토론을 통해 진행되는 홍익 하브루타 프로그램이 장병들에게 능동적인 학습 환경을 스스로 만드는 긍정적인 효과를 미치는 것으로 나타났다.

둘째, 무동기의 장병들에게 학습에 대한 동기를 갖게 했다.

무동기의 장병들에게도 동기를 유발한 것은, 향후 학습뿐만 아니라 미래의 꿈과 비전에 대해서도 관심을 가질 수 있는 계기가 되었다.

셋째, 타인 인정, 내적 압박에 의한 행동을 하는 장병들이 즐겁게 학습에 참여했다.

두 사람이 관찰자 없이 질문, 토의, 토론, 발표 등에 참여하여 적극적인 활동을 통해 학습이 부담과 압박에 의한 것이 아니라 즐거운 것임을 몸소 체득하였다.

넷째, 자율적이고 적극적인 장병들에게 더 높은 목표를 설정하게 했다.

스스로 가치를 부여하고 자율적인 목표를 설정하여 행동하는 장병들은 교육을 할 때마다 짝을 바꾸는 활동을 통해 실력이 높은 장병과 만났을 때는 높은 목표를 설정하였다. 실력이 비슷한 장병과 만났을 때는 협동하는 모습을 보여주었고, 실력이 부족한 부족한 장병은 함께 잘할 수 있게 이끌어 주며 리더십을 기르는 시간을 가졌다.

다섯째, 군 복무 기간은 단절의 시간이 아닌 미래를 준비하는 시간임을 알게 되었다.

군 복무 기간이 사회와의 단절, 인내와 고통을 의미하는 시간이 아닌 사회인으로서의 일자리를 탐색하고 취업과 창업을 준비하는 중요한 시기로 활용할 수 있다는 것을 인식하는 시간이 되었다.

군 복무하는 한국 청년들을 위한 '비전설계 홍익 하브루타'와 같은 프로그램들이 적극적으로 연구와 개발을 위한 정책적 지원이 필요하다는 것을 이번 연구의 결과를 통해 알 수 있었다. 또한 군대 생활이 자기개발을 할 수 있는 기회로 활용할 수 있다는 시각의 전환이 필요하다. 군대에 입대하는 장병들 즉 청년들은 버티는 시간, 인생에 있어 죽은 시간이 아니라 자기계발을 할 수 있는 매우 귀중한 시간이라는 시각의 변화가 필요하다는 것을 알 수 있었다.

향후, 장병 생애주기에 맞는 홍익 하브루타 프로그램 개발을 통해 단계적이고 체계적인 비전설계를 통해 사회인으로서 준비할 수 있어야 함을 시사하고 있다. 장병들의 2년간의 생애주기를 살펴보면 1주기는 입영에서 3개월까지로 규칙적인 군대생활에 적응하는 시기적응 시기, 2주기는 4개월~14개월까지로 군대에서 함께 생활하는 장병, 간부들과 협력하며 서로에게 힘이 되어주는 협력시기, 3주기는 15개월에서 전역까지로 군대 생활을 마무리하면서 사회인이 되기 위해 준비해야 하는 사회 준비시기로 정리해 보고, 이에 맞는 홍익 하브루타 프로그램 개발과 실행이 필요하다는 것을 이번 연구를 통해 알 수 있었다.

■ **국방 TV '명사의 책방' 육군군수사령부 11탄약창 장병 독서 홍익 하브루타 방영 요약(2016)**

Q) 장병들에게 프로그램을 진행하는 이유는?(교육기획자)
책은 한 사람의 인생을 바꿀 수 있는 힘을 가지고 있다고 합니다. 인생의 정상으로 향하는 중 잠시 머무는 군대에서 만나는 책은 더 큰 의미와 힘이 있을 것입니다. 그 힘을 더 극대화할 수 있는 방법은 독서코칭입니다.

독서 홍익 하브루타 프로그램은 그냥 단순히 책 읽는 것에 그치지 않고 장병들끼리 소통하면서 선임들이나 동료들 간의 관계도 개선할 수 있고, 앞으로 자기의 미래를 계획할 수 있는 것에 초점을 맞추어 진행하였습니다.

Q) 장병들에게 프로그램을 진행한 효과는?(발표 장병들)

독서 홍익 하브루타 프로그램으로 장병들은 체계적으로 독서에 몰두할 수 있게 되었습니다. 그리고 책과는 거리가 멀었던 장병들의 호기심을 이끌어 내었습니다.

– 프로그램에 참여하면서 독서의 소중함을 알게 되었습니다.

– 군 생활 동안 틈틈이 독서를 해야겠습니다.

– 하루에 단 1페이지라도 읽고 책과 친해지겠습니다.

– 한 달에 책 2권 읽기부터 시작하겠습니다.

– 군대 전역할 때까지 100권 정도 읽는 것이 목표입니다.

Q) 프로그램에 참여한 소감은?(장병)

홍익 하브루타 프로그램에 참여하게 돼서 너무 좋은 시간을 보내 좋았습니다. 독서가 우리 삶에 있어서 얼마나 큰 영향을 주는지, 나에게 얼마나 큰 영향을 주는지도 알게 되었습니다. 또 성공한 사람들은 대부분 독서를 많이 했다는 사실을 알았고, 앞으로도 독서하는 시간을 늘려서 내가 읽은 좋은 책들을 남에게 소개시켜주는 그런 사람이 되고 싶습니다.

Q) 프로그램을 통한 장병들의 긍정적인 변화는?(진행 강사)

프로그램을 하면서 장병들에게 굉장히 의미 있다고 생각했던 것은 100세까지 자신의 삶을 1모작, 2모작, 3모작으로 나누어 계획을 세웠다는 거예요. 그 매개가 되었던 것이 바로《창문 넘어 도망친 100세 노인》이란 책이에요. '아, 100세가 된 노인도 이렇게 자신의 삶을 살고 있는데 그렇다면 나는 100세의 내 삶을 어떻게 살 것인가?' 하는 것에 대해 장병들이 보다 깊이 있게 생각하는 시간이 되었어요. 프로그램을 통해 넓어진 생각과 인생의 폭만큼 장병들의 인성, 나아가 조국수호의 지는 오늘도 더욱 굳건해집니다.

(6) 기업인·기관인 '역지사지 커뮤니케이션'

　기업이나 기관이 성장 발전을 하기 위해서는 변화에 잘 적응하고 새로운 것에 도전하여 혁신하는 과정이 필요하다. 이러한 과정은 사람과 사람들 간에 소통을 통해 협력이 일어나고 참신하고 창의적인 아이디어가 실용적인 제품이나 서비스로 구현된다. 또한 조직 간에 갈등이 생겨 성장 발전을 저해할 때에도 소통은 갈등을 해결하는 근본이 된다.

　사람들 간에 원활하게 소통하는 방식이 바로 대화이다. 효과적인 대화방식 중 하나는 상대방의 입장을 이해하고 소통하는 '역지사지 소통'이다. 역지사지를 직접 하는 과정을 통해서 상대방을 이해하고 갈등도 해결하고 새로운 시각에서 문제를 바라보다 창의적인 문제를 해결할 수 있다. 역지사지 소통의 대표적인 진행방식이 바로 홍익 하브루타이다.

프로그램: 역지사지 커뮤니케이션
- **교육대상: 기업인·기관인**
- **교육인원: 30명**
- **교육방법: 강의 + 홍익 하브루타**
- **교육시간: 36시간(6시간씩 6회)**
- **교육목표**
  - 역지사지 커뮤니케이션을 이해할 수 있다.
  - 모듈별 다양한 주제를 통해 역지사지 커뮤니케이션을 익힐 수 있다.
  - 조직 내에서 역지사지 커뮤니케이션을 적용할 수 있다.
- **교육내용**

회차	모듈	시간
1	역지사지 커뮤니케이션 이해	6시간
2	역지사지 갈등해결	6시간
3	역지사지 이노베이션	6시간
4	역지사지 리더십	6시간
5	역지사지 고객만족	6시간
6	역지사지 협상	6시간

■ **진행사례**

　역지사지 커뮤니케이션 이해

▶ **역지사지 커뮤니케이션 필요성**

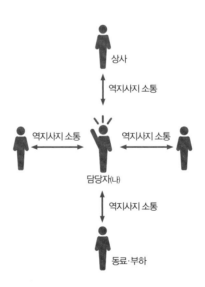

문제 발생 시, 문제해결의 핵심 → 원활한 커뮤니케이션!

커뮤니케이션 부재 및 미흡 시 발생 문제

① 고비용의 손실 발생

② 고객과의 신뢰도 저하

③ 내부 직원간의 불화 발생

원활한 커뮤니케이션 3원칙

① 〈상사〉 문제를 명확하게 보고하고 해결방향 모색하기

② 〈협력업체〉 문제에 대해 연락하고 솔루션 실행하기

③ 〈동료·부하〉 문제에 대해 협력하여 솔루션 찾기

④ 〈담당자〉 고객에게 문제의 솔루션 상담하고 해결하기

➡ 상대방의 입장에서 다양한 각도에서의 역지사지 소통이 문제해결에 효과적임

▶ 역지사지 커뮤니케이션 진행 프로세스

▶ 역지사지 커뮤니케이션 확장 적용

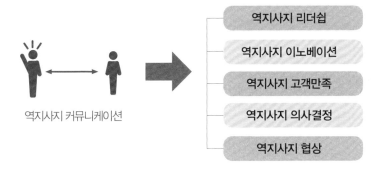

▶ 역지사지 커뮤니케이션 진행 사례

〈주제: 전통 재래시장 오일장 철회는 정당하다〉

> **주제가 나오게 된 배경: 시에 민원이 들어옴**
>
> 전통 재래시장의 오일장으로 길거리 불법노점이 양성되고 있다. 불법 노점 행위로 자영업자들이 힘들어하고 있다. 전통 재래시장의 불법노점들을 허가제로 하거나 철회해야 한다. 시에서 불법노점 근절이 시의 경제적 어려움을 호소하는 자영업자를 살리는 길이다. 상권 형성을 저해하는 재래시장은 없어져야 한다.

▶ 1차 홍익 하브루타: 전통 재래시장 오일장 철회는 정당하다(찬성 VS 반대)

주제	전통 재래시장 오일장 철회는 정당하다(찬성 VS 반대)
성명	○○○(함께한 친구 ○○○)
찬성	– 오래된 전통시장의 시설이나 주변 환경이 낙후되어 있어 주변의 현대화된 환경과 상충한다. – 전통시장 상인들이 내고 있는 사용료는 사설 이익단체에 납부되고 있어 시에 도움을 주고 있지 않다. – 시장이 열리는 날에 주변 지역에 쓰레기, 악취, 교통체증, 주정차, 통행불편 등 시민들에게 불편을 주고 있다. (도시미관 저해, 학교신축, 시장 복합개발 등의 사유로 시민시장 이전 및 폐지 민원 폭증)
반대	– 시에서 사전 고지나 상인들과의 대화 없이 일방적으로 전통시장 철회를 강행한 것은 부당하다. – 시민 중에서 전통시장을 활용하고 있는 경우도 있는데 더 많은 시민들과의 소통으로 결정을 다시 해야 한다. – 전통시장 상인들이 생계를 유지하는 활동을 할 수 있는 방안 마련이 없다.
창의적 해결	위의 문제를 해결하기 위해 ○○시에서 '상생발전협의회'를 발족하였다. 여기는 지역주민 대표, 상인 대표, 전문가, 갈등 조정자 등 15명으로 구성된 협의회에서 논의한 적 있다.

	향후 상생발전협의회에서 다각적인 방향으로 협의와 문제를 해결하는 노력이 필요하다.(2차 홍익 하브루타 주제로 선정하여 진행함)
소감	○○시나 상인의 한 쪽이 아닌 양쪽의 입장에서 찬성과 반대를 생각하고 홍익 하브루타를 하면서 문제를 다른 관점에서 보고 어떻게 해결할 것인지 생각하는 시간이 되었다.

▶ 2차 홍익 하브루타: 상생발전협의회 효율적 운영 방안

주제	'상생발전협의회'의 효율적인 운영 방안
성명	○○○(함께한 친구 ○○○)
정리	− 시, 전통시장 상인 양쪽 입장에서만 해결하려는 노력보다는 지방자치정책, 시 전체 시민의견 등 명확한 현황파악, 시민들의 의견수렴 등을 고려하여 '상생발전협의회'를 효율적으로 운영하는 것이 필요하다. − 현재 시는 시민시장이 어떤 방식으로 변화하는 것이 가장 합리적이고 현실적인지 입주자 대표, 상인회, 전문가 등 각계각층의 의견을 수렴하여(공론화 추진) 합리적인 발전 방안을 모색하려 노력 중임. − 시에서는 여러 측면에서 이해관계가 복잡하므로 용역 결과를 바탕으로 장기간 대화가 필요하다는 입장임.(전국적으로 이러한 사례 많음) "역지사지"로 대화하는 방식으로 해결방안을 모색하는 것이 필요하다. 상대방의 입장을 생각하고 대화하는 과정에서 이해의 폭이 넓어지고 문제를 해결할 수 있는 아이디어가 더 많이 창출된다.
소감	상황에 처한 한 쪽 입장만 얘기할 때와 역지사지로 대화를 해 보니, 몰랐던 부분에 대해서 알게 되고, 상대방의 현재 상황도 이해가 되면서 소통의 깊이가 깊어졌다. 전통시장 관련 문제가 해결되기 전까지 생계가 어려운 상인들에게 시에서 공공근로 등 일할 수 있는 일자리를 마련하여 제공하는 것은 어떨까 하는 생각이 들었다. 시민 전체의 의견을 들어보는 것이 필요하다고 생각한다.

▶ 3차 홍익 하브루타: 상생발전협의회의 효율적 운영 방안
- 시민 의견 수렴 방안

주제	'상생발전협의회'의 효율적인 운영 방안 - 시민 의견 수렴 방안
성명	○○○(함께한 친구 ○○○)
정리	- '상생발전협의회'가 현재 갈등 상황과 진행과정을 시민에게 알린다.(홍보방안 마련 필요) - 현재 갈등 중에 있는 사안에 대해 정확하게 시민이 이해할 수 있게 전달한다. - 시민들이 다양한 방법으로 의견을 전달하고 참여할 수 있는 기회를 마련한다. 1) 시청 홈페이지를 이용하여 설문조사를 통한 의견 수렴 2) 시민을 대상으로 공청회를 통한 의견 수렴 3) 다양한 시민을 대상으로 1,000인 토론회를 통한 의견 수렴 4) 시 지역주민자치단체를 통한 '찬성 VS 반대' 스티커 투표 실시를 통한 의견 수렴 5) 지방지(지역신문)에 사안 게재 및 설문조사 중임을 홍보 및 참여 독려
소감	다양한 측면에서 문제를 볼 수 있는 시간이 되었고, 어떻게 하면 문제를 해결할 수 있는지 여러 사람과 의견을 나누며 갈등 해결을 위해 진행하는 사람이 어떤 역할을 해야 하는지에 대해서도 배울 수 있었다. 추후 시민에게 '상생발전협의회' 및 갈등문제 해결을 위한 시민참여 독려를 위한 홍보방안에 대한 논의가 필요하다.

▶ 4차 홍익 하브루타: 상생발전협의회의 효율적 운영 방안
  – 시민 의견 수렴을 위한 홍보 방안

주제	'상생발전협의회'의 효율적인 운영 방안 – 시민 의견 수렴을 위한 홍보방안
성명	○○○(함께한 친구 ○○○)

정리	– 시민시장 관련한 갈등문제 전단물 제작 배포 홍보
	
	  1) 아파트 게시판에 부착 및 방송 홍보하기(찬반 의견수렴을 위해 우편함 활용함)
	  2) 시의 주요 역광장에 부착 홍보하기(찬반 투표대 활용하는 것도 효과적임)
	  3) 현수막 제작하여 홍보하기
	
	– 영상물(1분 내외) 제작 홍보
	
	  1) 시 홈페이지 시민의 소리에 홍보
	  2) 시 전광판에 문자 또는 짧은 영상 홍보
	  3) 시민 단톡방에 게재 홍보
	  4) 개인별 영상 발송
	
	– 상생발전협의회 위원들(협치위원) 각 동 주민자치단체 협의회 때 설명회 실시
	
	  각 동 대표 회의 및 유관단체 행사 시 현안문제 설명 및 찬반투표 의견 수렴
	
	– 지방지, 학교 가정통신문을 활용하여 홍보하기

소감	– 정확한 상황을 시민들에게 알려야 진정한 시민이 참여하는 것이 될 것이다. – 갈등해결의 핵심은 소통 그 자체라는 것을 느꼈다. – 시작이 반이라는 생각이 들고 시의 시민들이 보다 성숙한 시민의식을 만들어가는 기회가 될 것이다. 함께 방안을 마련하기 위해 생각을 해 보니 현안에 대해서도 더욱 관심을 갖게 되었고, 심도있게 논의를 하다보니 본질을 보게 되었다.

■ 교육소감

- 문제점을 정확하게 볼 줄 아는 견문과 지식이 생겼다. 또한 해결의 실타래를 푸는 방법을 단계적으로 배워서 뿌듯하다. 사회적 활동을 함에 있어 중가자적인 입장에서 역할해야 하는 경우가 많은데 앞으로 어떻게 역할을 해야 할지 알게 되어 유익한 교육이었다.

- 평소에 가족과의 갈등, 동료 또는 상사와의 갈등을 겪고 있는 것이 사실이다. 이론적으로 알고 있는 갈등해결 방법이 실제 갈등이 생기면 감정적으로 처리가 되어 불편한 일이 자주 생기곤 했다. 이번 교육에서 역지사지를 하며 양쪽의 입장에서 생각하고 말하고 작성하는 활동을 통해 갈등해결을 위한 역량을 많이 쌓을 수 있었다.

- 역지사지로 상대방의 입장을 생각해 보는 좋은 계기가 되었고, 어지럽게 펼쳐져 있던 사건 혹은 감정과 생각들을 구체적으로 정리해서 다른 사람과 공유하는 방법을 익힐 수 있었다. 앞으로 내가 속한 조직에서 갈등이 생겼을 때, 갈등을 해결할 수 있도록 역할을 하는 사람으로 성장하고 싶다.

- 홍익 하브루타라는 생소한 단어와 그 속에서 교육을 하면서 이 세상에 풀 수 없는 매듭은 없음을 다시 한 번 생각하게 되었다.

8장

글로벌 교육코드 홍익 하브루타
실제 적용
(2) 비대면 웨브루타Webruta

웨브루타의 필요성
웨브루타 의미와 효과
웨브루타 진행 프로세스
웨브루타 실제 적용 사례

(1) 웨브루타의 필요성

① 코로나로 인해 적극적으로 참여하며 교육할 수 있는 비대면 교육이 필요하다

2019년 말 코로나 바이러스가 사람에게 감염된 이후, 세계의 모습은 크게 달라졌다. 특히 2019년, 2020년에는 코로나 백신이 개발되지 않아 최고의 방역은 마스크를 쓰고 이동을 하거나 외출을 하지 않는 것이었다.

코로나로 인해 비대면의 필요성이 높아져 재택근무를 하는 기업들이 늘어났고, 일상 생활에서도 식당을 가기보다는 배달을 해서 먹는 것이 일상화되었다. 여기에 학생들의 교육조차도 비대면 원격으로 진행되었다. 학교를 비롯한 기업이나 기관 등에서 교육의 방식을 비대면으로 할 수밖에 없는 상황이 된 것이다. 이러한 상황에서 교육의 효과를 높일 수 있는 비대면 교육의 방법이 절실히 필요하게 되었다.

웨브루타Webruta는 홍익 하브루타를 온라인 상에 적용한 것으로 비대면 교육으로 코로나 감염에 대한 걱정도 없고, 비대면 교육의 단점인 참여가 부족한 상황을 보완한 교육방법이다.

② 글로벌시대 원거리 소통과 교육의 필요성이 더 대두되었다

글로벌로 진출해 있는 기업 등이 코로나로 인해 왕래하기 어려운 상황이 되었다. 기업의 입장에서 일상적인 업무 수행부터 신제품 마케팅, 그리고 사업의 다각화를 위한 다양한 비지니스가 필요하다.

급변하는 시대에 우리의 커뮤니케이션 체계는 코로나로 인해 '비대면 비접촉 환경을 기반으로 가상화 체계'로 급진전되었다. 이성과 지성 그리고 감정의 교류를 바탕으로 성장과 진보를 이루어가야 하는 교육 현장은 물론 만남과 소통 중심의 관계 지향적 활동으로 변화를 이끄는 사회 전반에 비대면 비접촉 환경으로 바뀌었다.

해외로 진출한 한국 기업들, 해외에서 국내로 진출한 외국 기업들이 전사 경영회의, 마케팅 전략회의, 프로젝트 미팅, 1:1 상담 등을 앞다퉈 온라인 방식으로 전환하였다.

글로벌 기업 마이다스아이티 온택트 경영회의, 채용 설명회 진행 사례

글로벌 기업 마이다스아이티는 미국·중국 등 8곳에 해외법인을 두고 있는 회사로 물리적으로 거리는 떨어져 있지만 마음의 거리는 더욱 가깝게 하기 위해 글로벌 경영회의를 온라인 상에서 진행했다. 경영회의에서는 1분기 사업 성과를 공개하고 2분기 사업 계획을 공유했다. 마이다스아이티는 2000년 설립 이후 건설SW 세계1위 자리를 공고히 하고 있는 글로벌 기업으로 세계적인 기술력과 사람에 대한 뇌신경 과학 기반의 연구결과를 기반으로 2018년부터 경영솔루션을 보급하고 있는 회사이다. 2020년 4월부터는 잡플렉스 플랫폼을 통해 취준생들과 기업이 원활한 소통을 이어갈 수 있도록 온택트 채용 설명회를 진행하고 있다.

(출처: 노컷뉴스 〈글로벌기업 마이다스아이티 경영회의도 언택트 시대〉, 2020.5.29 일자)

(2) 웨브루타의 의미와 효과

① 웨브루타 의미

웨브루타는 웹Web과 홍익 하브루타Havruta의 합성어로 웹상에서 질문, 대화, 토의, 토론, 논쟁하는 것을 말한다. 홍익 하브루타는 1:1 두 사람이 하는 것이지만, 웹상에서는 채팅창을 활용하여 각 개인이 의견을 표현한다. 그리고 표현한 의견을 돌아가며 발표하는 활동을 통해 다른 사람들의 의견을 들으면서 사고를 확장하는 적극적인 참여형 학습방법이다.

웨브루타에서 '웨'는 본래는 웹Web을 뜻하지만, 홍익 하브루타에서 중요하게 생각하는 활동인 '왜(Why)'로 중의적으로도 사용할 수 있다.

② 웨브루타 효과

첫째, 시간과 공간의 제약 없이 자유롭게 참여형 교육을 할 수 있다.

둘째, 많은 사람들 앞에서 말하는 것에 부담을 느끼는 사람들이 편안하게 참여할 수 있다.

셋째, 가족단위, 팀단위, 특정 목적을 가진 집단이 함께 참여하여 효과를 높일 수 있다.

넷째, 과학기술을 적극적으로 활용한 교육을 할 수 있다.

(3) 웨브루타의 진행 프로세스

① 웨브루타 진행 프로세스

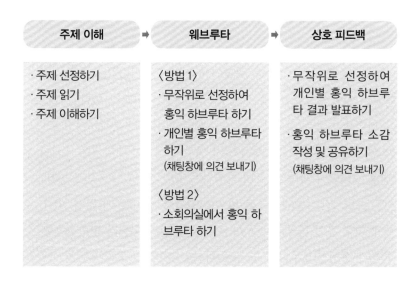

웨브루타는 '주제 이해 → 웨브루타 → 상호 피드백'으로 진행한다. 면대면으로 진행할 때와 약간의 차이가 있다.

② 웨브루타 진행 프로세스별 세부내용

▶ 주제 이해

주제를 이해하는 단계는 면대면 하브루타 진행방식과 거의 동일하다. 웨브루타는 온라인에서 비대면으로 이루어지는 활동으로 오프라인에서 1:1로 짝을 지어 하브루타를 하는 것과는 다르게 주제를 제시해 주고 개인별로 주제를 이해하는 시간을 갖는다. 주제 이해 시간을 끝난 후에 학습자에게 주제를 어떻게 이해했는지 묻고 답할 수 있는 시간을 준다. 이러한 활동은 참여한 학습자가 다른 사람은 어떻게 주제를 이해했는지 아는 시간이 되고, 진행하는 모티베이터는 주제를 보다 명확하게 정리하여 다음 단계가 원활하게 진행될 수 있도록 한다.

예를 들어 "학교에서는 수업 시간에 스마트폰을 회수한다.(찬성 VS 반대)"라는 주제가 있을 때, 학교라는 범위가 어디인지를 정해야 한다. 학교는 일반적으로 초·중·고등학교 그리고 대학교가 있다. 스마트폰을 회수해야 하는 경우에는 스스로 절제할 능력이 부족하다고 판단되는 연령에게 회수할 필요성이 있기 때문에 성인인 대학생은 제외할 수 있다. 그러면 주제를 조금 더 명확하게 표현하자면 "초·중·고등학교에서는 수업시간에 스마트폰을 회수한다.(찬성 VS 반대)"가 될 수 있다. 주제에 대해 홍익 하브루타를 하는 사람들 간에 이해가 명확할수록 심도 있게 홍익 하브루타를 할 수 있다.

▶ 웨브루타Webruta

ⓐ **방법 1**

교육생 전체를 대상으로 같은 공간에서 진행할 경우에 활용하는 방법이다.

무작위로 몇몇 교육생을 선정하여 홍익 하브루타 하기

먼저 주제에 대해 무작위로 몇몇 교육생을 선정하여 의견을 말할 수 있게 한다. 의견을 듣는 동안 전체 교육생들은 주제를 조금 더 이해하게 되고 미처 생각하지 못했던 의견에 대해서도 알 수 있는 시간을 가질 수 있다. 주제에 대해 다양한 지식과 생각이 많을수록 홍익 하브루타가 활발하게 이루어질 수 있다.

개인별 의견을 채팅창에 보내기

다음으로 주제에 대해 개인별로 의견을 생각하고 작성하는 시간을 5~10분 정도 주고 작성한 의견은 채팅창에 보내게 한다. 전체 대상을 한 공간에서 진행할 경우에는 진행자가 교육생 전체의 진행상황을 관찰하고 독려해 줄 수 있는 장점이 있다. 다만 1:1 대화를 하는 홍익 하브루타가 이루어지지 않는 단점이 있다.

ⓑ 방법 2

2인 1조로 홍익 하브루타를 할 수 있도록 소회의실을 만들어 1:1로 홍익 하브루타를 할 수 있도록 진행하는 방법이다. 장점으로는 1:1로 주제에 대해 홍익 하브루타를 하는 것이고 단점으로는 진행자가 진행 상황을 관찰하거나 독려할 수 없다는 것이다.

▶ 상호피드백

〈방법1〉과 〈방법2〉는 동일하게 모든 교육생을 비대면 공간에 모이게 한다. 그리고 무작위로 5~6명 정도를 선정하여 주제에 대해 홍익 하브루타 한 결과를 발표하게 한다. 발표를 듣는 교육생들은 자신의 홍익 하브루타를 한 결과와 비교하여 듣게 되고, 여러 다양한 의견을 들어 생각의 확장을 할 수 있다.

마지막으로 웨브루타를 한 소감을 작성하여 채팅창에 공유하게 한다. 이때, 시간적 여유가 있다면 전체 교육생에게 5~6명 소감을 발표하게 한다. 시간이 부족할 경우에는 진행자가 몇몇 교육생의 소감을 공유해 준다.

원활한 웨브루타 진행을 위한 팁

– 주제를 선정할 때는 참여한 학습자를 고려하여 정하세요.
– 생각하고 의견을 작성할 때, 일정한 시간을 정해 효율적으로 시간을 활용하세요.
– 작성하기 어려워하는 학습자를 위해 먼저 작성이 끝난 사람이 발표하는 시간을 가지세요.
– 웨브루타에 참여한 학습자가 1번 이상 발표할 수 있게 기회를 주세요.
– 발표를 꺼리는 학습자인 경우에는 모티베이터가 작성한 내용을 읽어 주세요.
– 학습자가 발표한 내용 중에 추가, 보완할 내용을 피드백해 주세요.
– 웨브루타 후에 교육에 참여한 소감은 짧게라도 모든 학습자에게 들으세요.

③ 웨브루타의 강점

첫째, 거리상의 어려움으로 교육이 어려운 경우, 해결 가능.

인터넷 연결과 화상회의를 할 수 있는 앱만 설치되어 있으면 전 세계 어느 나라에서도, 국내 어느 지역에서도 웹 상에서 홍익 하브루타 교육을 할 수 있다.

둘째, 일을 하는 사람들에게 늦은 시간에도 교육할 수 있는 기회 제공

오프라인 교육 시, 교육 장소에서 귀가하는 것을 고려하여 저녁 6시까지 교육하는 경우가 많다. 그러나 일을 하는 사람들인 경우에는 대부분 저녁 6시 이후 퇴근을 하므로 실시간 교육을 받을 기회가 적다. 웨브루타의 경우, 집에서도 교육이 가능하므로 저녁 9시에서 10시까지도 상황에 따라 교육을 진행할 수 있다.

셋째, 다양한 대상을 교육할 경우, 활용 가능.

학생, 주부, 사회인, 노인 등 다양한 대상의 의견을 수렴할 경우, 웨브루타로 진행하면 가능하다. 정해진 시간에 개개인이 접속하여 참여할 수 있다.

넷째, 가족 간의 교육프로그램 진행 가능.

가족 구성원은 연령대가 다양하게 분포되어 있다. 사회적으로 활동하는 시간도 다양하므로 함께 모여서 교육을 받는 것이 실질적으로 어려운 상황이다. 웨브루타를 활용하면 온 가족이 모인 시간을 선택하여 교육에 참여하고 가족 간에도 소통하는 시간을 가질 수 있다.

다섯째, 진행과정에 따른 결과물 정리 및 공유가 용이.

웨브루타에서 결과물 작성은 채팅창을 활용한다. 참여한 사람들이 각자 의견과 소감을 정리하여 채팅창에 공유하기 때문에 모든 학습자가 다른 사람의 의견을 보고 공유할 수 있다.

(4) 웨브루타 실제 적용 사례

① [부모·학생] 자녀와 함께하는 재미있고 유익하게 책 읽기

■ 교육목표: 자녀와 재미있고 유익하게 책 읽기 활동을 할 수 있다.

■ 교육대상: 영·유아, 초등 부모와 자녀

■ 교육방법: 웨브루타

■ 교육시간: 8시간(2시간씩 4회)

■ 진행도서: 창작동화, 명작동화, 전래동화, 위인전

■ 교육운영

구분	운영방법	시간	형태
자기소개 & 소감	– 가족별로 돌아가며 소개하기(1회차) – 1주일간 책 읽기와 홍익 하브루타 한 소감 나누기(2~4회차)	10분	Zoom (25분)
홍익 하브루타 진행방법 소개	– 홍익 하브루타 의미 및 효과	5분	
	– 홍익 하브루타 진행방법	5분	
	– 홍익 하브루타 진행사례 소개	25분	
홍익 하브루타 실습	– 표지 보고 질문하기(5가지 이상)	5분	각 가정 (25분)
	– 자녀와 함께 책 읽기 – 표지 보고 질문한 내용에 대해 답을 찾으며 읽기	5분	

	– 책의 핵심내용 중심으로 홍익 하브루타 하기 – 부모님은 질문, 자녀는 대답할 수 있도록 진행!	5분	
	– 책을 읽고 떠오르는 것을 그림으로 표현하기 – 부모님이 자녀의 그림 표현 발표 듣기	10분	
휴식	– 휴식	10분	–
홍익 하브루타 결과 발표	– 책을 읽고 표현한 그림 발표하기(아이) – 아이의 발표 내용 칭찬 격려하기(강사)	20분	Zoom (30분)
	– 자녀와 홍익 하브루타 진행한 소감 발표하기(부모) – 홍익 하브루타 책 읽기 및 독후활동 Tip 정리(강사)	20분	
회차 정리	– 1주일간 책 읽기와 홍익 하브루타 과제 제시	10분	Zoom (10분)

■ **교육 소감**

· 아이가 책을 읽고 그림을 그리는 활동을 하는 것을 무척 재미있어 했다. 그림 그린 것에 대해 자기만의 이야기를 만드는 활동을 특히 좋아했다. 책에 관심이 없었는데 책 읽은 다음 빨리 그림 그리고 싶다고 책을 읽자고 하며 관심이 생겼다.

· 아이에게 책을 읽어주는 방식이 아니라 단계별로 내용을 진행해야 하는 것에 대한 부담과 어려움이 처음에 있었다. 그런데 매주 배우고, 집에서 아이와 실천하는 과정을 통해 조금씩 익숙해졌다.

이번 과정에서 특히 좋았던 것은 배우고 끝나는 것이 아니라 아이와 실습한 것을 발표하고 진행하면서 어려웠던 것을 피드백 받은 것이다. 피드백 받은 내용을 아이에게 적용해 보니 훨씬 효과가 좋았다. 아이와 책 하나로 다양한 활동을 하고 서로의 마음을 알고 대화도 많이 할 수 있어 기뻤다.

- 아이랑 책을 읽고 직접 실습을 하면서 제가 가장 크게 느낀 것은 엄마인 내가 평소에 아이에게 너무 "이거 해라, 저거 해라." 강요를 했었다는 사실이다. 엄마인 나도 아이와 함께 홍익 하브루타 활동을 해 보니 아이의 입장도 알게 되었다. 어떻게 해야 아이가 참여를 더 잘하고 자신의 생각을 말할 수 있게 할 것인지 방향도 잡을 수 있는 교육이었다.

- 예전에는 그냥 책만 읽어줬는데 이번 홍익 하브루타를 활용한 독후활동을 하면서 아이의 사고를 확장하게 해줄 수 있고, 아이의 생각을 알 수 있는 시간이었다. 교육을 받기 전에는 아이와 단순하게 시간을 보냈었다면 이번 교육에서 활동을 통해 앞으로는 조금 더 알차고 재미있게 시간을 함께 할 수 있게 되었다.

② [중학생] 내 꿈은 무엇일까? 진로 톡톡Talk Talk

- **교육목표:** 내가 좋아하고 관심 있어 하는 것은 무엇인지 알아보고 친구들과 꿈에 대한 대화를 나누며 나의 진로탐색 할 수 있다.
- **교육대상: 20명**(○○시 각 학교별 중학생 2~3명)
- **교육방법: 웨브루타**
- **교육시간: 2시간**

■ 교육운영

구분	운영방법	시간
자기소개	성명, 교육 참여 동기 소개하기	5분
진로 이해	진로의 의미와 중요성	10분
	꿈을 가져야 하는 이유	10분
홍익 하브루타 이해	홍익 하브루타의 의미 및 효과	10분
	웹상에서 홍익 하브루타 진행방식 소개	10분
휴 식	휴식	10분
나의 진로탐색 웨브루타	– 나의 꿈에 대해 5가지씩 질문을 작성하여 채팅 창에 보내기 – 개인별로 발표하기	15분
	– 내가 좋아하고 관심 있어 하는 것은 무엇일까' 3가지씩 작성하여 채팅창에 보내기 – 작성한 내용 개인별 발표하기	15분
	– 진로탐색으로 내가 적용하고 싶은 것 3가지씩 작성하여 채팅창에 보내기 – 작성한 내용 개인별 발표하기	15분
소감나누기	– 교육소감 작성하고 채팅창에 보내기 – 소감 발표하기 – Q&A	10분

■ 교육 소감

· 웹상에서 나의 생각을 말하고 다른 친구들의 의견을 들을 수 있어 신선하고 좋았다.

· 우리 학교 친구들만이 아닌 다른 학교 친구들을 만나고 다양한 의견을 들을 수 있어 생각의 크기가 커졌다.

· 나의 꿈에 대해 5가지씩 질문하기를 통해 "나의 꿈은 무엇이지?" 하는 생각을 하게 되었다. 다른 친구들의 꿈에 대한 질문을 들으며 '맞아, 나도 그게 궁금하지.'라는 공감도 하였다. 질문만 했는데도 나의 꿈에 대해 길을 찾아가는 것 같은 느낌이었다.

· '내가 좋아하고 관심 있어 하는 것은 무엇일까', '진로탐색으로 내가 적용하고 싶은 것은?'에 대해 답변을 하면서 나의 꿈에 대해 좀 더 구체적으로 생각을 하였다.

③ [고등학생] My Dream My Way

■ **교육목표:** 나의 진로를 스스로 생각하며 찾아보며 적극적인 진로 마이웨이 필요성을 인식하고, 나에게 직면한 '대학'에 대해 토론을 통해 진학의 방향성을 탐색할 수 있다.

■ **교육대상: 20명**(○○시 각 학교별 고등학생 2~3명)

■ **교육방법:** 웨브루타

■ **교육시간: 2시간**

■ **교육운영**

구분	운영방법	시간
자기소개	성명, 관심분야, 과정에 대한 기대 소개하기	5분
진로 이해	진로의 의미와 중요성	5분
	나에게 '진학'의 의미 되새기기	10분
홍익 하브루타 이해	홍익 하브루타의 의미 및 효과	10분
	웹상에서 홍익 하브루타 진행방식 소개	10분
휴식	휴식	10분
주제 웨브루타	− 공개 웨브루타 진행 　무작위로 학생들을 호명하여 찬성과 반대 의 　견을 듣기 　(모든 학생이 주제에 대해 생각하는 시간을 갖게 한다.)	10분
	− 주제에 대해 찬성 의견 3가지씩 채팅창에 보 　내기 − 찬성 의견을 개인별로 발표하기	15분
	− 주제에 대해 반대 의견 3가지씩 채팅창에 보 　내기 − 반대 의견을 개인별로 발표하기	15분
	− 창의적인 해결방안 작성하여 채팅창에 보내 　기 − 창의적 해결 방안 발표하기	10분
소감나누기	− 교육소감 작성하고 채팅창에 보내기 − 소감 발표하기 − Q & A	10분

■ 활동결과

주제	대학을 가야 한다(찬성 VS 반대)
성명	○○○(함께한 친구 ○○○)
찬성 (대학 간다)	- 고등학교 교육과는 달리 많은 학문을 배우고 많은 것을 깨달을 수 있고 대학교에서 동아리 활동, 교환학생 등을 통해 폭 넓은 시야를 가질 수 있다. - 대학을 졸업하는 것이 취업을 할 때, 취업에서 더 유리하다. - 진로가 없더라도 다양한 과목 수강을 통해 자신의 재능을 발견할 수 있고, 자신의 꿈이나 진로가 없더라도 대학을 가서 경력을 쌓거나 지식을 쌓으면 나중에 취업을 할 때 도움이 된다.
반대 (대학 안 간다)	- 대학의 전공과 무관한 직장을 갖는 사람들이 많다. 좋은 대학이 아니더라도 들어가면 무조건 4년 동안 대학을 다녀야하기 때문에 시간 낭비이다. - 대학교를 가지 않아도 고등학교 3년 동안 준비를 하여 자신의 적성을 더 찾아볼 수 있다. - 사회에 빨리 나가 현장에서 직접 보고 듣고 배워 빨리 자립하는 것이 더 효과적이다.
창의적 해결	〈'대학을 가야 한다' 입장〉 전문적인 것을 배우고 체득해야 하는 경우는 대학을 가야 한다. 법조계에서 일하고 싶은 사람, 의학관련 분야에서 의료인으로 일하려고 하는 사람, 글로벌 커뮤니케이션을 위해 통역사로 활동하려는 사람 등의 진로를 생각하고 있는 사람들은 대학을 가는 것이 필요하다. 〈'대학을 안 가도 된다' 입장〉 대학이 성공을 보장하지 않기에 대학에 가거나 말거나 하는 것은 자신의 선택이다. 더 중요한 것은 자신이 대학에 가겠다고 또는 가지 않겠다고 한 결정이 틀리지 않는다는 것을 증명하기 위한 자기 자신의 노력이 중요하다. 대학을 졸업한 후에 실패하는 사람과 대학을 안 간 후에 성공한 사람의 판단기준은 대학졸업에 있는 것이 아니라 자기 자신의 노력으로 비롯되는 결과에 있는 것이기 때문이다.

소감	– 한 가지 문제에 관해 찬성 이유와 반대 이유를 적어봄으로써 다시 한 번 깊이 있게 생각할 수 있는 기회가 되었다. 앞으로도 어떤 문제에 직면했을 때 찬성 이유와 반대 이유를 생각해 보는 것이 좋은 해결책에 도움이 됨을 알았다. 대학을 가야하는 것에 대해 스스로 찬성, 반대를 해 보았고, 다른 학생들의 의견을 들으며 서로의 의견을 존중해야겠다고 생각했다.

■ 교육 소감

· 꿈이 정해지지 않았는데 꿈을 정하는 방법, 더 깊이 있게 꿈에 대해 생각하는 시간이 되었다.

· 대학에 대해 부정적이었는데 대학을 다른 측면에서 생각하는 시간이 되었다.

· 제가 생각하지 못한 찬반의견들을 생각할 수 있어서 좋았고 4차 산업혁명시대에 어떻게 알아내는 힘을 길러야하는지도 조금 알 수 있어 좋았다.

· 진학에 대해 고민이 엄청 많았는데 다양한 분야의 진로를 가지고 있는 분들과 토론을 하다 보니 제 진로에 대해서도 다시금 돌아보게 된 것 같아 좋았던 것 같다.

· 대학교를 가야 할까 말아야 할까 구체적으로 생각을 하지 못하였는데 여러 사람들의 많은 의견들을 들으면서 생각을 정리할 수 있었다.

· 다양한 의견을 접할 수 있어서 좋았고, 알아내는 힘에 대해 배운 것이 가장 인상 깊었는데 대학은 그 자체로 성공에 가장 근본적 힘이 되는 알아내는 힘을 주지 않기에 스스로 알아내는 힘을 기르는 것이 더 중요하고 삶의 원동력이 되는 것 같다는 생각이 들었다.

・토론을 할 기회도 별로 없고 대학, 진로라는 주제에 대해 여러 가지 사람들의 의견을 듣는 기회가 그리 많지 않은데 다른 사람들의 다양한 의견을 들어서 많이 깨닫고 대학교에 대해 다시 한 번 생각하게 되었다.

④ [교사] 교사와 유아의 효과적인 상호작용을 위한 QAQ

- **교육목표: 교사와 유아간에 효과적인 상호작용하는 대화방법을 이해하고 체득할 수 있다.**
- **교육대상: 30명**(○○시 유치원 교사)
- **교육방법: 웨브루타**
- **교육시간: 2시간**
- **교육운영**

구분	운영방법	시간
과정 소개	과정 소개 및 과정에 대한 기대 공유하기	10분
교사와 유아의 상호작용 이해	교사와 유아의 상호작용 이해 언어적 의사소통과 비언어적 의사소통 이해	10분
	상호작용 이해 상호작용의 기본원리 (관심 보이기 → 인정하기 → 애정 보이기)	10분
교사와 유아의 상호작용 QAQ 이해	교사와 유아의 효과적인 상호작용 방법 QAQ 이해 - QAQ 의미 및 효과, 진행 방법, 진행사례	20분
휴 식	휴식	10분

QAQ 실습 **교사와 유아의** **웨브루타 실습**	① 화를 참지 못하고 욕하는 유아, 어떻게 상호작용을 해야 할까요? → QAQ로 상호대화 내용 채팅창으로 보내기	15분
	② 늘 같은 영역인 블록놀이만 하는 아이, 어떻게 해야 할까요? → QAQ로 상호대화 내용 채팅창으로 보내기	15분
소감나누기	– 교육소감 작성하고 채팅창에 보내기 – 소감 발표하기 – Q & A	10분

■ 활동사례(QAQ)

▶ 화를 참지 못하고 욕하는 유아, 어떻게 상호작용 해야 할까.

[상황] 친구와 놀다가 블록이 유아 ○○의 발등에 떨어졌어요. 블록이 발에 떨어지자 아프고 화가 나서 이를 참지 못하고 블록을 떨어뜨린 친구에게 마구 욕을 하는데 어떻게 해야 할까요?

Q 교사: ○○야, 많이 아팠지?(공감) 그렇지만 욕하는 건 나쁜 거란다.(훈육) 친구에게 어떻게 말해야 했을까?(좋은 방법 찾기)

A 유아: 욕을 하지 않아요.

Q 교사: 그렇지. 왜 친구에게 욕을 하면 안 될까?

A 유아: 친구가 기분 나빠요.

Q 교사: 맞아요. 친구가 놀라고 기분이 나쁘고 마음이 아플 수 있어요. 그럼 ○○이는 친구에게 어떻게 말하면 될까요?

A 유아: "블록이 떨어져서 아팠어, 조심해 줘"라고 말할 거예요.

Q 교사: "블록이 떨어져서 아팠어. 조심해 줘"라고 친구에게 말하면 친구는 뭐라고 할까요?

A 유아: 친구가 나에게 미안하다 하고 다시 사이좋게 놀 것 같아요.

▶ 늘 같은 영역인 블록놀이만 하는 아이, 어떻게 해야 할까.

[상황] 자유선택활동을 할 때 늘 같은 영역에서만 놀이를 하는 ○○이 있어서 걱정이에요. 다양한 영역이 준비된 놀이 환경 속에서 오직 블록영역만 고집하는 ○○를 어떻게 해야 할까요?

Q 교사: ○○야, 오늘도 블록영역에서 잘 놀았구나. 내일은 블록으로 식탁을 만들어 음식을 차리거나, 생일케익 같은 것을 만들어 친구를 초대해 볼까요? 아니면 무엇을 만들어서 친구들에게 보여줄까요?

A 유아: 동물원 만들 거예요.

Q 교사: ○○이가 동물원을 만들고 싶군요. 동물원에는 어떤 동물들이 살고 있을까요?

A 유아: 악어, 기린, 말도 살고 물에는 펭귄도 있어요.

Q 교사: 아~ 그렇군요. 그러면 ○○이는 어떤 동물을 만들어 친구들을 초대하고 싶어요?

A 유아: 네~ 기린, 악어 만들어서 친구들에게 소개해 줄 거예요.

■ 교육소감

• 일상에서 지속적으로 사용하는 교사의 언어가 유아에게 어떤 영향을 미치는지에 대한 중요성을 다시 한 번 느낄 수 있었다. 교사의 언어사용에 대해 책임감을 가지고 항상 연구하고 노력하는 교사가 되

고 싶다는 생각을 했다. 유아의 말을 반영하는 미러링 기법을 활용하여 아이들에게 인정 받고 공감 받는 경험을 제공해주고 싶다.

- 내가 생각한 교사 – 유아 상호작용을 적어보고 발표해 볼 수 있는 기회도 가지고, 팁도 받을 수 있어 좋았다. 관심 보이기→인정하기→애정 표현하기의 상호작용의 기본 원리를 기억하고 교실에서 아이들에게 꼭 적용할 것이다.

- 아이들과의 바람직하고 효과적인 의사소통 방법을 배우게 될 수 있어서 좋았다. 또 직접 해보는 연습을 통해서 더 이해가 빨리 되었다. 아이들과 언어적인 요소뿐만 아니라 비언어적으로도 함께 상호작용하는 교사가 되도록 노력해야겠다. 앞으로 이번 교육에서 배운 QAQ를 사용해 유아들과의 의미 있는 대화를 이어가도록 열심히 적용하겠다.

- 새로운 상호작용 기법인 QAQ기법과 상호작용의 기본원리를 알게 되어서 유익했다. 또한 다른 선생님들의 예시도 볼 수 있어서 좋았다. 현장에 가서도 꼭 적용해서 아이들과 질적인 상호작용을 하고 싶다. 유아들과의 관계뿐만 아니라 동료교사, 학부모, 가족들과도 이러한 상호작용기법을 활용하여 대화해보며 이러한 기법을 일상적으로 실천하고 싶다.

- 현장에서 아이들과 상호작용하는 것에 대한 걱정이 많았는데, 오늘 교육을 통해 아이들과 상호작용할 때는 언어적인 요소뿐만 아니라 비언어적인 요소에 특히 더 많이 신경 써야 한다는 것을 다시 한 번 마음에 되새기게 되었다. 현장에 나가서는 번지르르한 말 뿐만 아니라 아이들 한 명 한 명 눈을 마주치고 대화해야겠다는 생각이 들었다. 아이들과 끊임없는 대화를 통해 교실을 잘 꾸려나가는 교사가 되어야겠다.

⑤ [사서] 책을 다양하게 활용하는 독서 홍익 하브루타

- **교육목표**: 책을 활용한 체계적이고 단계적인 독서 홍익 하브루타를 운영하는 방법을 습득할 수 있다.
- **교육대상**: **30명**(○○시 사서)
- **교육방법**: 웨브루타
- **교육시간**: **2시간**
- **교육운영**

구분	운영방법	시간
과정 소개	과정 소개 및 과정에 대한 기대 발표하기	15분
독서 웨브루타 소개	– 웨브루타 의미 및 진행 프로세스 소개 – 웨브루타 진행사례(창작동화, 위인전, 일반도서)	25분
휴식	휴식	10분
독서 웨브루타 실습	– 도서:《쓰레기통 요정》 – 실습 내용 　1단계: 책 표지 보고 질문하기 　2단계: 책의 핵심내용을 질문과 대답을 하며 알아보기 　3단계: 활동하며 떠오르는 것을 그림으로 그리고 발표하기 　4단계: '쓰레기통 요정'에게 하고 싶은 말하기 　5단계:《쓰레기통 요정》에서 우리가 배운 것 나누기 　6단계: '쓰레기통 요정'에 대해 더 얘기 나누기	50분
소감 나누기	– 교육소감을 작성하고 채팅창에 보내기 – 소감 발표하기 – Q & A	10분

■ 활동사례(《쓰레기통 요정》 단계별 결과물)

▶ 1단계: 책 표지 보고 질문하기

- 그림이 왜 이렇게 지저분할까요?
- 그림에는 다양한 물건들이 왜 많을까요?
- 여기에서 책의 주인공은 누구일까요?
- 다양한 그림들과 책의 내용은 어떤 연관이 있을까요?
- 쓰레기통 요정이 하는 일은 무엇일까요?
- 쓰레기통 요정은 큰 곰돌이 인형을 왜 안고 있을까요?
- 쓰레기통 요정이 왜 반지를 머리에 끼고 있을까요?

▶ 2단계: 책의 핵심내용을 질문과 대답을 하며 알아보기

Q1: '쓰레기통 요정'은 어디에서 태어났나요?

A1: 골목 쓰레기통

Q2: '쓰레기통 요정'이 하는 일은?

A2: 소원을 들어 드려요.

Q3: 사람들은 '쓰레기통 요정'을 보고 어떤 반응을 보였나요?

A3: 소리 지르고 무서워했다.

Q4: '쓰레기통 요정'의 소원을 첫 번째로 들어준 사람은?

A4: 곰 인형을 잃어버린 소녀

Q5: 할아버지는 쓰레기통 요정에게 어떤 소원을 빌었나요?

A5: 할머니가 좋아할 만한 선물을 찾아달라고 했다.

Q6: '쓰레기 요정'의 머리띠가 캔 뚜껑으로 변한 이유는 무엇인가요?

A6: 할아버지와 할머니에게 줄 선물인 반지를 주었기 때문에

▶ 3단계: 활동하며 떠오르는 것을 그림으로 그리고 발표하기

초등 3학년
안녕달 작가가 롤 모델인 어린이의 안녕달 작가 따라하기.

초등 5학년
《쓰레기통 요정》 후속이야기 만들기. 쓰레기통 요정이 좋은 일을 많이 해서 방송국에서 취재를 와 인터뷰하는 모습을 그림.

▶ 4단계: '쓰레기통 요정'에게 하고 싶은 말하기

- 쓰레기통 요정아, 나의 일기장을 열 수 있는 비밀번호를 알려줘.

- 쓰레기통 요정아, 사람들의 소원을 들어주는 너의 모습이 멋져, 나도 너를 닮고 싶어.

- 쓰레기통 요정아, 우리동네에 와서 어린이들의 소원을 들어줘.

- 쓰레기통 요정아, 지금 너의 쓰레기통에는 어떤 물건들이 있니?

- 쓰레기통 요정아, 너의 소원은 뭐니? 내가 들어줄게.

▶ 5단계: '쓰레기통 요정'에서 우리가 배운 것 나누기.

- '쓰레기통 요정'의 착한 마음

- 세상 사람들의 소원이 제각각 다르다는 것

- 할아버지의 할머니에 대한 사랑

- '쓰레기통 요정'의 노력하는 모습

- 쓰레기는 더러운 것이라 생각했는데 아름다운 이야기를 만들 수 있다는 것

▶ 6단계: '쓰레기통 요정'에 대해 더 얘기 나누기

 – 안녕달 작가는 '쓰레기통 요정'에 대한 이야기를 어디에서 아이디어를 얻었을까요?
 – 나도 우리 동네에는 길 고양이들이 많다. 길 고양이들을 주인공으로 살아가는 이야기를 만들고 있다.

■ 교육소감

· 다양한 책을 읽는 활동이 있었지만 학생들과 함께 하려고 할 때 학생들이 어려워하거나 스트레스를 받는데 놀이처럼 쉽게 할 수 있는 방법을 배웠다. 다른 사람들의 의견과 시선을 알아 볼 수 있는 시간이었다.
· 교육을 통해 배운 것을 방학 독서캠프에 학생들과 해봐야겠다.
· 초등학생들에게 그림책을 활용하여 적용하겠다. 웨브루타의 구체적이고 실질적으로 적용할 수 있는 방법을 배울 수 있어 유익했다.
· 학생들의 독서 동아리에 웨브루타 방법을 적용해 보겠다.
· 비대면으로 교육을 하는데도 웨브루타는 1:1의 대화를 하기 때문에 대화에 참여와 집중을 하게 되어 학생들이 적극적으로 참여하게 하는 방법이다. 꼭 활용하겠다.
· 도서관 이용교육에 활용하겠다.
· 발표의 부담감이 있었는데 채팅으로 올리니 부담도 적었고, 다른 사람들의 다양한 의견도 들을 수 있어 좋았다. 비대면으로 진행할 때, 타블렛을 사용해서 그림을 올려도 좋겠다는 생각이 들었다.
· 오늘 배운 웨브루타 독서코칭 내용을 개인적으로 더 연구해보고 도서부 아이들을 대상으로 꼭 이 기법을 활용해서 수업을 운영해 보겠다.

⑥ [기업인] 갈등해결 홍익 하브루타

- **교육목표:** 조직원간에 갈등을 하브루타로 해결할 수 있다.
- **교육대상:** ○○사 영업사원 **20명**
- **교육방법:** 웨브루타
- **교육시간: 2시간**
- **교육운영**

구 분	운영방법	시간
과정 소개	과정 소개 및 과정에 대한 기대 발표하기	10분
갈등해결 웨브루타 이해	– 웨브루타의 의미 및 진행 프로세스 소개 – 갈등해결 웨브루타 진행사례	25분
	웨브루타의 이해 – 갈등해결 하브루타 주제 선정하기 • 갈등해결이 필요한 주제 5개씩 채팅창에 보내기 • 채팅창의 주제를 보고 갈등해결 하브루타 주제 선 정하기	15분
휴 식	휴식	10분

갈등해결
웨브루타
실습
	– 주제에 대해 공개 웨브루타 진행
	– 무작위로 학습자들을 호명하여 찬성과 반대 의견
	  을 듣기(모든 학습자가 주제에 대해 생각하는 시간을
	  갖게 한다.)
		10분

	– 주제에 대해 원인 3가지를 채팅창에 보내기 – 원인 발표하기(학습자 중 선정함)	15분
	– 원인에 대한 해결책을 채팅창에 보내기 – 해결책 발표하기(학습자 중 선정함)	15분
소감 나누기	– 교육소감 작성하고 채팅창에 보내기 – 소감 발표하기 – Q & A	10분

■ 진행사례

▶ 조직 내에 있는 갈등문제 채팅창에 5가지씩 보내기

  – 여러 차례 동료와 업무적인 마찰이 있었습니다. 그러다 보니 동료
    와 점점 멀어졌고, 대화도 줄어들어 이제는 서로 마음의 문을 닫
    았습니다. 마음의 문을 닫은 동료에게 어떻게 다가가야 할까요?
  – 한 직장동료가 공격적인 영업을 하면서 함께 일하는 선후배와 동
    료에게 피해를 주는데 어떻게 중재를 해야 할까요?
  – 영업사원 간에 문제가 생겼을 때, 상사가 평소 호의적으로 생각하
    는 사원의 편을 듭니다. 억울해서 일하기가 싫습니다.
  – 근무자세가 태만한 데다가 지속적으로 영업 실적이 저조한 직원
    을 어떻게 지원해야 할까요?
  – 팀의 조직활성화를 위해 소통을 원활하게 하기 위한 방법은 무엇
    이 있을까요?

▶ 갈등문제 하브루타 주제 선정하기

  – 움직이지 않고 지속적으로 영업 실적이 저조한 직원을 어떻게 지
    원해야 할까요?

▶ 주제에 대해 공개 웨브루타 진행

  Q) 왜 움직이지 않고 지속적으로 영업 실적이 저조할까요?(원인분석)
    – 회사에 대한 비전을 보지 못했다.
    – 비전은 보았으나 영업사원으로서 자세가 결여되었다.
    – 영업사원은 사람들을 만나 제품과 서비스를 소개해야 하는데
      대인관계가 어렵다.

Q) 영업 실적이 저조한 원인에 따라 어떻게 지원해 주어야 할까요?

- 회사에 비전을 보지 못한 사람은 회사를 잘 이해할 수 있게 교육을 해 주어야 한다. 내용으로는 회사의 철학, 가치, 비전, 사명 등이고 제품과 서비스에 대한 우수성을 알려 주어야 한다.
- 영업에서 성공한 사람들의 사례를 알려주고 어떻게 적용할 것인지 찾게 해야 한다.

▶ 주제에 대해 원인 3가지와 그에 따른 해결책 채팅창에 보내기

- 원인과 해결책 발표하기(학습자 중 선정함)

원인	해결책
회사의 비전을 못 본 경우	- 지식과 경험을 쌓을 수 있게 교육을 한다. • 회사의 철학, 가치, 비전, 사명 • 회사의 사업 이해, 제품 이해 • 고객 상담 방법 (가망고객 발굴부터 유지 상담까지 단계적으로 교육)
비전은 보았으나 영업사원으로서의 자세가 결여된 경우	- 성공한 사람들의 사례를 알려주고 연구한다. - 성공사례를 나의 사례로 바꾸어 고객상담 자료로 만들고 연습한다. "모방은 창조의 어머니!"
대인관계가 어려운 경우	- 역지사지 관계 리더십을 향상시켜 준다. • 어려운 대인관계 상황을 정리한다. • 문제가 있는 관계에서 발생하는 주제를 뽑는다. • 주제에 대해 나의 입장, 상대방의 입장에서 생각하고 정리한다. • 관계향상을 위한 해결방안을 함께 모색해 본다. • 해결방안을 실행에 옮길 수 있게 지원한다.

■ **교육소감**

- 성공하고 싶어서 성공학 책을 많이 봤고 성공한 사람도 만났습니다. 성공한 사람들의 공통점이 있었습니다. 그것은 바로 인간관계가 좋다는 것이고 대화의 기술이 있다는 것이었습니다. 그래서 실행하려고 노력했으나 어려웠습니다. 그런데 웨브루타 교육을 받으며 체계적으로 인간관계에서 대화하는 기술을 배웠고 몸으로 체득할 수 있었습니다. 여러분, 오프라인·온라인에서 홍익 하브루타를 경험해 보세요. 여러분에게 성과가 나는 성공의 경험을 선물해 줄 것입니다.

- 웨브루타 교육을 통해 'Learning is Life'라는 인생을 살아가는 큰 비전을 찾을 수 있었습니다.

- 사업을 하면서 항상 고민이 되는 것이 바로 인간관계에서의 소통에 대한 것이었습니다. 웨브루타 교육을 통해서 어떻게 해야 소통을 원활하게 할 수 있는지 배웠습니다. 앞으로 사업을 활성화하여 성과를 내는 사람이 되겠습니다.

- 웨브루타 교육을 받으면서 제 자신의 모습에 대해 깊이 있게 들여다보는 시간이 되었고, 부족한 모습은 무엇이었고 앞으로 발전된 모습을 위해 어떻게 노력해야 하는지 방향도 잡을 수 있었습니다. 또한 내가 일하는 곳에서 내가 성과의 주역이 되어야겠다는 다짐도 했습니다.

홍익 하브루타가 인류공영에
이바지할 인재육성의 밑알이 되길...

전 세계적으로 인류가 겪는 문제는 무엇일까? 전쟁, 기아, 환경 그리고 각종 사회적인 문제들은 한 명의 개인, 하나의 국가가 해결할 수 있는 문제가 아니다. 인류가 당면하고 있는 수많은 현안들을 인류가 공동으로 문제를 해결해서 더 좋은 세상을 만들어 가야 한다. 지금 전 세계인들에게 필요한 핵심가치는 무엇이고, 그 가치를 어떠한 방식으로 함께 공유할 것인지에 대한 고민이 절실히 필요한 때이다.

클로테르 라파이유 박사의 말처럼 교육은 생각하는 법을 배우고, 배우는 법을 배우고, 인격, 가치관, 성격을 형성하고 영구적으로 변화하는 환경에 적응하고, 개방적이고 유연해지는 법을 배우는 가장 중요한 도구이며 소통의 방식이다. 예전에는 나라마다 문화마다 교육방법이

달랐지만, 세상이 글로벌화되면서 인류가 당면하고 있는 문제를 해결하기 위해 글로벌화되고 표준화된 교육방식이 필요한 시대가 되었다. 서로를 존중하며 대화하고 소통하고 협력을 통하여 지혜로운 방법을 찾아내는 하브루타 교육방식과 인류공영의 홍익인간 정신이 결합하여 탄생한 교육법이 '홍익 하브루타'이다.

글로벌 교육코드 '홍익 하브루타'를 통해서 개인, 가족, 조직, 국가를 넘어서 인류에게 직면한 문제들을 해결하고 더 이로운 세상을 만들어 갈 것이라 생각한다. 헤르만 지몬 박사의 말처럼 홍익 하브루타는 한국인, 유대인, 독일인의 문화와 가치를 연결하고 융합하는 의미 있는 일로 글로벌화와 평화로 가는 진정한 발걸음이 될 것이다. 홍익 하브루타가 전 세계에 밀알이 되어 인류 공영에 필요한 인재를 육성하는 데 초석이 될 것이라 믿는다.

참고문헌

강정모, 〈경제발전정신으로서의 홍익인간이념의 고찰〉, 《제도와 경제》제8권 제2호, 2014

강정모, 《홍익 국부론》, 율곡출판사, 2018

교육부, 《2022 개정 교육과정》, 2021

김진자, 《하브루타 코칭 프로그램이 청소년의 자기결정성동기와 학습만족도에 미치는 영향》, 캐나다크리스천칼리지 박사학위논문, 2018

김희모, 《새로운 유아의 재능교육》, 한국재능개발연구회, 1985

대니얼 길버트, 《행복에 걸려 비틀거리다》, 김영사, 2006

미국 행동과학연구소, 《학습효과 피라미드The Learning Pyramid》

미래창조과학부, 《미래 사회 인간의 필요역량》, KISTEP, KAIST, 2017

백낙준, 《한국인의 창의성의 비밀》, 행성 B, 2013

선우미정, 〈교육이념인 홍익인간의 유교철학적 고찰〉, 《동양철학연구》

제7집, 동양철학연구회, 2012

신창호, 〈교육이념으로서 홍익인간에 대한 비판적 검토〉, 《한국교육학연구》 제9권 제1호, 안암교육학회, 2003

윤경호·김인규, 〈홍익인간 이념의 유래와 철학적 함의〉, 《동양문화연구》, 영산대학교 동양문화연구원, 2014

조윤성, 《히든챔피언 기반 하브루타 코칭 프로그램이 경력단절 여성의 자기효능감 및 자기회복탄력성에 미치는 효과 분석》, 캐나다크리스천칼리지 박사학위논문, 2018

존 맥스웰, 《인생의 중요한 순간에 다시 물어야 할 것들》, 비즈니스북스, 2015

카마인 갈로, 《스티브 잡스 프레젠테이션의 비밀》, 랜덤하우스코리아, 2010

클로테르 라파이유, 《컬처 코드》, 리더스북, 2007.

헤르만 지몬, 《히든 챔피언 글로벌 원정대》, 흐름출판, 2014.

헤츠키 아리엘리·김진자, 《유대인의 성공코드 Excellence》, 국제인재개발센터, 2013

헤츠키 아리엘리·김진자, 《탈무드 하브루타 러닝》, 국제인재개발센터, 2014

DeSeCo 프로젝트, 《생애핵심역량》, OECD, 1997

글로벌 교육코드 홍익 하브루타

2022년 6월 15일 초판 1쇄 발행

저자   김진자

발행인   전병수
책임 편집   전병수
디자인   배민정
발행   도서출판 수류화개
               등록 제569-251002015000018호 (2015.3.4.)
               주소 세종시 한누리대로 312 노블비지니스타운 704호
               전화 044-905-2248
               팩스 02-6280-0258
               메일 waterflowerpress@naver.com
               홈페이지 http://blog.naver.com/waterflowerpress
ⓒ 도서출판 수류화개, 2022

값 19,000원
ISBN 979-11-92153-05-6(03370)